Taith Iaith Eto 2

Llyfr Cwrs

Golygydd

Non ap Emlyn

ⓗ Prifysgol Cymru, Aberystwyth, 2007

Mae hawlfraint ar y deunyddiau hyn ac ni ellir eu hatgynhyrchu na'u cyhoeddi heb ganiatâd perchennog yr hawlfraint.

Cyhoeddwyd gan y Ganolfan Astudiaethau Addysg, Yr Hen Goleg, Prifysgol Cymru, Aberystwyth.
Noddwyd gan Lywodraeth Cynulliad Cymru.
Gwefan: www.caa.aber.ac.uk

ISBN 978 1 84521 231 5

Awduron gwreiddiol y gwelir eu gwaith yn *Taith Iaith 2*: *Non ap Emlyn, Elen Roberts, Tina Thomas, Lisa Williams*
Golygwyd ac addaswyd gan *Non ap Emlyn*
Dylunydd: *Andrew Gaunt*
Cynllun y Clawr: *Andrew Gaunt*
Lluniau'r clawr: *Sioned Eleri Williams/Teledu Telesgôp, Iwan Jones, County Times & Gazette, Enfys Jenkins, Bubbles Photo Library, Derek Pratt, Urdd Gobaith Cymru, Ardea, Andrew Gaunt, British Big Cats Society.*
Paratoi'r deunydd ar gyfer y wasg: *Eirian Jones*

Diolch i aelodau'r Grŵp Monitro am eu cyngor gwerthfawr: *Aletia Messham, Angharad Morgan, Dafydd Roberts* a *Lisa Williams*

Argraffwyr: *Gwasg Gomer, Llandysul*

Cydnabyddiaethau

Mae'r cyhoeddwyr yn ddiolchgar i'r canlynol am ganiatâd i atgynhyrchu deunyddiau:
Hedd ap Emlyn: tud. 1, 14, 24, 28, 30
Enfys Jenkins: tud. 2, 8, 10, 19, 64, 70, 78
Urdd Gobaith Cymru: tud. 2, 34, 70, 80, 81
Andrew Gaunt (cartwnau): tud. 6, 7, 11, 14, 15, 16, 20, 22, 23, 24, 25, 29, 30, 41, 42, 43, 44, 51, 52, 55, 59, 61, 69, 78, 80, 81, 83, 84, 85, 87, 88, 89, 90, 94, 95
The Photolibrary Wales: tud. 3, 22, 26, 27, 34, 43, 44, 49, 70, 82, 92
Mike Collins: tud. 4-5, 9, 36-38, 45, 56-58, 71, 73, 74-76, 96-98
Bubbles Photo Library: tud. 10, 12, 13, 20, 40, 42, 49, 64, 65, 70, 93
Ardea: tud. 14, 16
Hutchison Photo Library: tud. 17
Derek Pratt: tud. 18
Eric Shackle: tud. 22, 23
Rex Features: tud. 32, 99
Skyscan Balloon Photography: tud. 35
Gwenfair Glyn: tud. 35
Sioned Eleri Williams/Teledu Telesgôp: tud. 46, 50
Iwan Jones: tud. 47, 50
Keith Morris: tud. 70
Illustrated London News: tud. 77
Amgueddfa Werin Sain Ffagan: tud. 77
Eisteddfod Genedlaethol Cymru: tud. 80

Mae'r cyhoeddwyr wedi gwneud pob ymgais i gysylltu â'r deiliaid hawlfraint ond ymddiheurwn os oes unrhyw un wedi'i adael allan.

Cynnwys

I'r tiwtor iv

Iaith y Dosbarth v

1. Ffordd o fyw 1

2. Fy ardal i 22

3. Digwyddiad arbennig 40

4. Technoleg 61

5. Dysgu Cymraeg 80

I'r tiwtor

Mae **Taith Iaith Eto** yn cynnig cwrs cenedlaethol sydd wedi ei anelu at ddisgyblion sy'n gweithio ar lefelau ychydig yn is na'r disgyblion sy'n dilyn **Taith Iaith** yn ogystal â newydd-ddyfodiaid. Mae'n cynnwys Llyfr Cwrs, Llyfr Gweithgareddau, cryno ddisg a gwefan (www.caa.aber.ac.uk).

Cwrs cenedlaethol

Gan fod hwn yn gwrs cenedlaethol, roedd rhaid ystyried yn ddwys pa ffurfiau y dylid eu cyflwyno, fel bod y gwaith yr un mor berthnasol i ddysgwyr ym mhob rhan o Gymru. Penderfynwyd, felly, y dylid cyflwyno ffurfiau safonol ond gall tiwtoriaid ddefnyddio ffurfiau mwy lleol os ydynt yn dymuno.

Nod y Cwrs

Mae'r cwrs yn ceisio sicrhau bod y profiadau a gaiff y disgyblion yn eu gwersi Cymraeg yn rhai cadarnhaol sy'n cynnig her a boddhad iddynt. Gwneir hyn drwy gyflwyno'r iaith yn strwythuredig mewn cyd-destunau sy'n ystyrlon, defnyddiol a diddorol i ddisgyblion Cyfnod Allweddol 3.

Cynnwys y Llyfr Cwrs

Yn ogystal â chyflwyno iaith, ceir yn yr unedau stori lun a darnau ffeithiol byr i'w darllen. Pwrpas y rhain yw rhoi cyfle i ddisgyblion ddarllen darnau diddorol sy'n defnyddio'r iaith y maent eisoes wedi ei dysgu. Nid oes angen gwneud gweithgareddau iaith ffurfiol ar ôl eu darllen gan fod darllen er pleser yn bwysig ynddo'i hun.

Mae pob uned yn adeiladu ar unedau blaenorol fel bod patrymau iaith a geirfa'n cael eu hadolygu a'u datblygu'n gyson drwy'r cwrs. Ceir ar ddechrau'r gwaith syniadau am eitemau iaith y gellid eu cyflwyno'n raddol a'u defnyddio yn yr ystafell ddosbarth. Nid yw'r rhestr hon yn hollgynhwysol a gellid ychwanegu ati yn ôl anghenion y dosbarth.

Cyflwyno'r gwaith

Gall tiwtoriaid gyflwyno'r cwrs yn y modd sydd fwyaf priodol i'w sefyllfaoedd nhw, e.e. gallant ddilyn y cwrs yn union fel y mae'n cael ei gyflwyno yma a gallant ddatblygu ymhellach ar rannau penodol. Dylid hefyd fanteisio ar bob cyfle i gyflwyno deunydd atodol, pwrpasol, fel gemau iaith, fideos a DVDs, deunyddiau darllen priodol ac ati.

Y Llyfr Gweithgareddau

Ceir yn y Llyfr Gweithgareddau lawer o weithgareddau y gellir dewis a dethol ohonynt. Unwaith eto, gellir eu defnyddio fel y maent yn ymddangos yn y llyfr hwnnw, neu gellir eu haddasu a'u datblygu yn unol â gofynion dosbarthiadau penodol. (Gweler y Llyfr Gweithgareddau am fwy o fanylion.)

Y cryno ddisg a'r wefan

Mae'r cryno ddisg yn cynnwys darnau gwrando ar gyfer pob uned ac mae'r wefan yn cynnwys y sgriptiau ar gyfer y darnau hyn, gweithgareddau atodol a thaflenni gwaith.

Gobeithio'n fawr y bydd y disgyblion a'r tiwtoriaid yn mwynhau'r gwaith a geir yma, ac y bydd yn gyfrwng hwylus ar gyfer cyflwyno a datblygu'r Gymraeg mewn modd pwrpasol, cyffrous. Gobeithio hefyd y bydd y strategaethau a geir yma yn arwain at ymagwedd gadarnhaol tuag at ddysgu'r Gymraeg ac at gynnydd sylweddol yng ngallu disgyblion i gyfathrebu yn y Gymraeg erbyn diwedd Cyfnod Allweddol 3.

Non ap Emlyn
Medi 2007

Ceir cyfeiriadau hwnt ac yma at
y cryno ddisg ac at **y wefan**
(www.caa.aber.ac.uk)

Iaith y dosbarth

Beth am ddefnyddio Cymraeg yn y dosbarth?

Bore da   Prynhawn da   Helo 'na

Sut ydych chi? / Sut dych chi? / Sut dach chi?
Sut wyt ti?
Sut mae? / Shwmae?

Da iawn diolch   Iawn diolch   Eitha da
Ddim yn ddrwg   Go lew

Ga i …?   May I have …?

Ga i lyfr os gwelwch yn dda?   Ga i bapur os gwelwch yn dda?
Ga i'r cryno ddisg os gwelwch yn dda?   Ga i'r llyfr os gwelwch yn dda?

Cei   Cewch
Na chei   Na chewch

Ga i …?   May I …?

Ga i fenthyg llyfr os gwelwch yn dda?
Ga i ddefnyddio'r cyfrifiadur os gwelwch yn dda?
Ga i ofyn cwestiwn os gwelwch yn dda?

Cei   Cewch
Na chei   Na chewch

Eisiau (to) want

Rydw i eisiau llyfr os gwelwch yn dda.
Iawn.

Oes gen ti … / Oes gennych chi …? Have you got …?
Oes … gyda ti? Oes … gyda chi?

Oes gen ti lyfr?   Oes llyfr gyda ti?
Oes gennych chi lyfr?   Oes llyfr gyda chi?

Oes   Nac oes

Mae gen i lyfr.   Mae llyfr gyda fi.
Mae gen i Daflen A.   Mae Taflen A gyda fi.

Does gen i ddim llyfr.   Does dim llyfr gyda fi.
Does gen i ddim papur.   Does dim papur gyda fi.

Rhaid - must

Rhaid ysgrifennu.
Rhaid darllen.

Rhaid i ti ysgrifennu.
Rhaid i chi ddarllen.

Gorchmynion

Gwranda!   Ysgrifenna!   Siarada!
Gwrandewch! Ysgrifennwch!   Siaradwch!

Mae'n ddrwg gen i, ond …
Mae'n flin gyda fi, ond …

Pwy sy wedi …? Who has …?

Pwy sy wedi gorffen?

1. Ffordd o fyw

PWY WYT TI?

... ydw i.

... ydy fy enw i.

Rydw i'n ... oed.

Rydw i'n byw yn ...

Rydw i'n mynd i Ysgol ...

Rydw i ym Mlwyddyn 8.

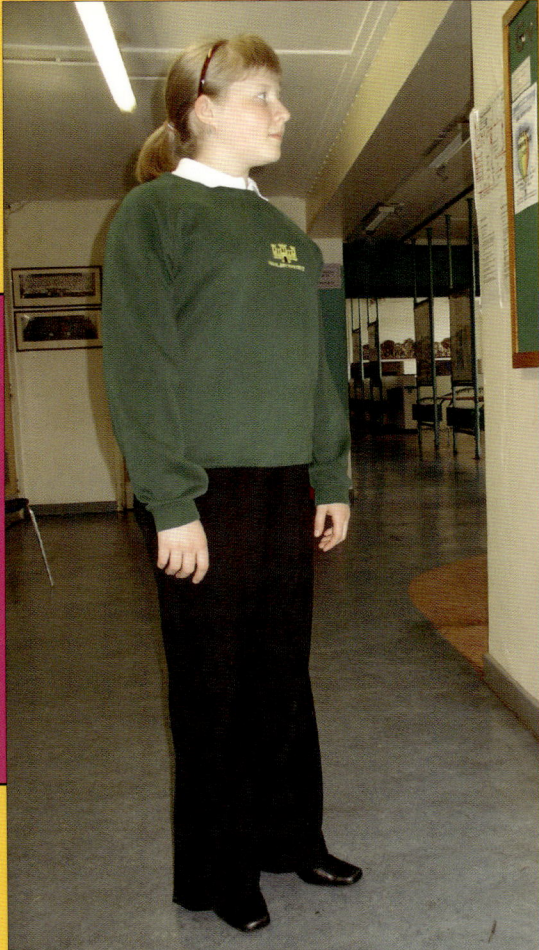

→ **TAITH IAITH ETO 1, TUD. 1-3**

Helo 'na.
Emma ydw i.
Rydw i'n un deg tri oed.
Rydw i'n byw yn Rhuthun.
Rydw i'n mynd i Ysgol Brynhyfryd.
Rydw i ym Mlwyddyn 8.

GWEITHGAREDD 1 - 2

→ **TAITH IAITH ETO 1, TUD. 4-5**

Rydw i'n hoffi bwyta ...

Dydw i ddim yn hoffi bwyta ...

GWEITHGAREDD 3-4

→ **TAITH IAITH ETO 1, TUD. 48**

Rydw i'n hoffi gwisgo ...

Dydw i ddim yn hoffi gwisgo ...

GWEITHGAREDD 5

→ **TAITH IAITH ETO 1, TUD. 14-15**

Rydw i'n mwynhau ...

Dydw i ddim yn mwynhau ...

GWEITHGAREDD 6-7

Rydw i'n dysgu Cymraeg yn yr ysgol.

dod o	(to) come from
cefnogi	(to) support

Helo!

David ydw i – neu Dafydd neu Dewi yn Gymraeg! Rydw i'n dod o Oldham ond rydw i'n byw yn Llandudno rŵan.

Rydw i'n 14 oed. Rydw i'n dysgu Cymraeg yn yr ysgol.

Rydw i'n hoffi pêl-droed ac rydw i'n cefnogi Leeds!

Kanti ydw i.

Rydw i'n dod o Abertawe ond mae Mam a Dad yn dod o India.

Rydw i'n byw yn Abertawe gyda Mam a Dad a fy mrawd.

Rydw i'n siarad Gwjarati a Saesneg ac rydw i'n dysgu Cymraeg yn yr ysgol.

Rydw i'n Hindŵ. Dydw i ddim yn bwyta cig eidion.

fy mrawd	my brother
cig eidion	beef

Enwau plant yn Ghana, Affrica:

Dydd Geni	Enwau Merched	Enwau Bechgyn
Dydd Llun	Adwoa	Kojo
Dydd Mawrth	Abena	Kwabena
Dydd Mercher	Ekua	Kweku
Dydd Iau	Yaa	Yaw
Dydd Gwener	Efia	Kofi
Dydd Sadwrn	Ama	Kwame
Dydd Sul	Akousa	Kwesi

GWEITHGAREDD 8-11

Enwau

Enwau Bechgyn
Ali = ardderchog, gwych
Paul = bach

Enwau Merched
Megan = gwych
Yoko = merch dda

Beth ydy ystyr dy enw di?

GWEITHGAREDD 12

Y GÊM

penwythnos arbennig	*special weekend*	sbectol haul	*sunglasses*
Hydref	*October*	Sbaen	*Spain*
gofyn	*(to) ask*	nid	*not*
Yr Eidal	*Italy*	lwcus	*lucky*
Eidaleg	*Italian*	Sbaeneg	*Spanish*

Dydd Llun, mae Aled yn hapus. Mae e'n darllen poster am gêm bêl-droed.

"Huw, wyt ti eisiau mynd i weld Real Madrid yn chwarae pêl-droed?"
"Ydw."

Mae Huw yn siarad â Mam am y gêm.

"Rydw i eisiau mynd i weld Real Madrid yn chwarae. Mae'n costio £100."
"Iawn."

Mae Huw yn hapus iawn.

Mae Huw yn mynd i'r siop deithio i ofyn am lyfrau.

"Rydw i eisiau llyfrau am Yr Eidal."

Mae Huw yn mynd i ddysgu Eidaleg.

"Reit rydw i eisiau sbectol haul ... o ie – beth am ddysgu Eidaleg cyn mynd?"

"Buongiorno, Senora Jones."

Mae Huw yn siarad Eidaleg gyda Miss Jones yn yr ysgol.

Mae e'n siarad Eidaleg amser cinio.

"Pizza ... rigatoni ... prego."
"Sglodion?"

Y TEULU

"Oes brawd neu chwaer gyda ti?"

"Oes, mae un brawd ac un chwaer gyda fi."

"Nac oes."

brawd / brother

chwaer / sister

"Oes brawd neu chwaer gyda ti?"

"Oes, mae un chwaer gyda fi — Rhian."

"Oes brawd neu chwaer gyda ti?"

"Nac oes."

Dau ... tri ... pedwar
Dwy ... tair ... pedair

2	dau dwy	dau frawd dwy chwaer	Oes brawd neu chwaer gyda ti? Oes, mae dau frawd a dwy chwaer gyda fi.
3	tri tair	tri brawd tair chwaer	Oes gen ti frawd neu chwaer? Oes, mae gen i ddau frawd a dwy chwaer.
4	pedwar pedair	pedwar brawd pedair chwaer	

GWEITHGAREDD 15

Mae ... gyda fi.   **Mae gen i ...**

Mae un brawd gyda fi o'r enw Rhys.

Mae gen i un brawd o'r enw Rhys.

Mae e'n un deg pump oed.

Mae o'n un deg pump oed.

Mae e'n mynd i Ysgol ...

Mae o'n mynd i Ysgol ...

Mae e'n hoffi ...

Mae o'n hoffi ...

Mae e'n mwynhau ...

Mae o'n mwynhau ...

Mae un chwaer gyda fi o'r enw Sabrina.

Mae gen i un chwaer o'r enw Sabrina.

Mae hi'n un deg pump oed.

Mae hi'n mynd i Ysgol ...

Mae hi'n hoffi ...

Mae hi'n mwynhau ...

GWEITHGAREDD 16

"Mae un brawd gyda fi o'r enw Rhys ac un chwaer o'r enw Emma."

"Mae gen i un brawd o'r enw Rhys ac un chwaer o'r enw Emma."

Mae Rhys yn un deg pedwar oed.

Mae Rhys yn hoffi ...

Mae Emma'n un deg chwech oed.

Mae Emma'n hoffi ...

Maen nhw'n mwynhau ...

Maen nhw'n mynd i Ysgol ...

Maen nhw'n ...
Maen nhw'n hoffi ...
Maen nhw'n mwynhau ...

They ...
They like ...
They enjoy ...

GWEITHGAREDD 17-18

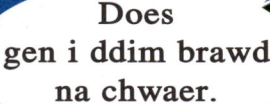

FFRINDIAU

Mae gen i dri ffrind.
Mae un ffrind o'r enw Ceri.
Mae un ffrind o'r enw Lyn.
Mae un ffrind o'r enw Alys.
Maen nhw'n wych.
Maen nhw'n hwyl.

Rydyn ni'n cael hwyl.
Rydyn ni'n gwylio DVDs weithiau.
Rydyn ni'n chwarae pŵl weithiau.
Rydyn ni'n mynd i'r dref weithiau.
Rydyn ni'n mynd i'r sinema weithiau.
Rydyn ni'n mynd i'r clwb weithiau.

| weithiau | *sometimes* |

GWEITHGAREDD 21-23

> Mae un tsimpansî gyda fi.
> Mae gen i un tsimpansî.

Wel! Wel!

Bob blwyddyn, mae teulu o dsimpansîs yn yfed:
- 1,244 litr o laeth

Maen nhw'n bwyta:
- 32,850 o fananas
- 14,600 o orennau
- 10,950 o foron
- 9,123 o datws
- 1,095 o dorthau o fara brown
- 6,570 o letys
- 17,520 o afalau

Mae'n costio dros £15,000!!

Mae'n bosib mabwysiadu tsimpansî mewn sŵ! Mae'n help i dalu am y bwyd!

bob blwyddyn	every year
oren, orennau	orange,-s
moron	carrots
torth, torthau	loaf, loaves
costio	(to) cost
mae'n bosib	you can
mabwysiadu	(to) adopt
talu	(to) pay

Does dim ... gyda fi.
Does gen i ddim ...

> Does dim anifail anwes gyda fi.

> Does gen i ddim anifail anwes.

GWEITHGAREDD 26-27

Y CARTREF

Helo 'na. Sheenagh ydw i. Rydw i'n 13 oed.
Rydw i'n byw yn Aberaeron … ac yn Aberystwyth … ac yn
Aberteifi … ac yn Llanbedr-Pont-Steffan … ac yn Rhuthun.
Pam?
Rydw i'n byw gyda Mam a Dad ac maen nhw'n gweithio gyda'r ffair.
Rydyn ni'n byw mewn carafán fawr.

| ffair | *fair* |

yn	*in*
yn Rydw i'n byw **yn** Abertawe. Mae Sheenagh yn byw **yn** Rhuthun.	*in* *I live **in** Swansea.* *Sheenagh lives **in** Ruthin.*
mewn Rydw i'n byw **mewn** tŷ. Mae Sheenagh yn byw **mewn** carafán.	*in a* *I live **in a** house.* *Sheenagh lives **in a** caravan.*

Mae llawer o bobl yn byw mewn carafán, e.e. pobl y ffair, pobl y syrcas.

Weithiau, mae'r plant yn mynd i'r ysgol.
Weithiau, mae athrawon yn mynd i'r carafanau i ddysgu'r plant.
Weithiau, mae Dad neu Mam yn dysgu'r plant.
Weithiau, mae'r plant yn dysgu o'r cyfrifiadur.

llawer o bobl	*lots of people*
weithiau	*sometimes*
dysgu	*(to) teach, (to) learn*

Ble wyt ti'n byw?

Rydw i'n byw mewn …	I live in …
tŷ	a house
fflat	a flat
byngalo	a bungalow
carafán	a caravan
cwch	a boat

Rydw i'n byw mewn …

Rydw i'n byw gyda Mam mewn …

Rydw i'n byw gyda Dad mewn …

GWEITHGAREDD 28

Ble?

yn y wlad	in the countryside
yn y dref	in (the) town
yn y ddinas	in the city
yn Stryd y Brenin	in King Street

Rydw i'n byw mewn fflat yn y dref.

Rydw i'n byw gyda Mam mewn fflat yn y dref.

Rydw i'n byw mewn byngalo yn Stryd y Brenin.

Rydw i'n byw gyda Dad mewn fflat yn y wlad.

GWEITHGAREDD 29

Helo 'na.
Sharon ydw i. Rydw i'n byw mewn cwch ar y gamlas.

Mae'r cwch yn hyfryd — mae cegin fodern, cawod, teledu, cyfrifiadur a gwres canolog yn y cwch.

cwch	boat
y gamlas	the canal
hyfryd	lovely
cegin	kitchen
cawod	shower
gwres canolog	central heating

Yn y cartref

ystafell	room	cyntedd	porch / hall
ystafell fyw	living room	toiled	toilet
ystafell fwyta	dining room	cegin	kitchen
ystafell ymolchi	bathroom	cawod	shower
ystafell wely	bedroom		

lawr llawr = lawr star — *downstairs*
i fyny'r grisiau = lan lofft — *upstairs*

AR WERTH

Cartref, 9 Stryd y Bryn, Abermawr
Tŷ modern yn y dref.

Lawr llawr:
Ystafell fyw fawr, ystafell fwyta, cegin fawr, toiled

I fyny'r grisiau:
Dwy ystafell wely fawr, un ystafell wely fach, ystafell ymolchi

GWEITHGAREDD 30-32

Beth wyt ti'n wneud yn y tŷ?

Rydw i'n gwrando ar gryno ddisgiau yn fy ystafell wely.

Rydw i'n gwylio'r teledu yn fy ystafell wely.

Rydw i'n gwneud gwaith cartref yn yr ystafell fyw.

Rydw i'n gwylio DVDs yn y lolfa.

Rydw i'n coginio yn y gegin.

Rydw i'n cael bath yn yr ystafell ymolchi.
(Mae Mam yn tyfu tomatos yn yr ystafell ymolchi!)

fy ystafell wely	my bedroom
lolfa	lounge
coginio	(to) cook
yn y gegin	in the kitchen
tyfu	(to) grow

GWEITHGAREDD 33-35

Pwyntiau pwysig

… ydw i.	*I'm …*
… ydy fy enw i.	*My name is …*
Rydw i'n … oed.	*I'm … years old.*
Rydw i'n hoffi …	*I like …*
Rydw i'n mwynhau …	*I enjoy …*

Y ferf

Rydw i'n …	*I …*
Mae e'n / o'n …	*He …*
Mae hi'n …	*She …*
Rydyn ni'n …	*We …*
Maen nhw'n …	*They …*

Gyda / Gen

Oes … gyda ti?	*Have you got a …?*
Oes gen ti …?	
Oes.	*Yes.*
Nac oes.	*No.*
Mae … gyda fi.	*I've got …*
Mae gen i …	
Does dim … gyda fi.	*I haven't got …*
Does gen i ddim …	

dau, tri, pedwar	*two, three, four*
dwy, tair, pedair	

Ble wyt ti'n byw?	*Where do you live?*
yn	*in*
mewn	*in a …*
Rydw i'n byw mewn tŷ yn Aberystwyth.	*I live in a house in Aberystwyth.*

2. Fy ardal i

ENWAU MAWR ...

A: Ble wyt ti'n byw?
B: Rydw i'n byw yn Llanfair PG.
A: Ble mae Llanfair PG?
B: Ar Ynys Môn.

Ynys Môn   *Anglesey*

Llanfairpwllgwyngyllgogerychwyrndrobwllllantysiliogogogoch
= *St Mary's church in the hollow of the white hazel near the rapid whirlpool of Llantysilio by the red cave*

Enw mawr yn Seland Newydd

Seland Newydd   *New Zealand*

Taumatawhakatangihangakoauauotamateaturipukapikimaungahoronukupokaiwhenuakitanatahu

... ENWAU BACH

| Norwy | Norway |
| Ffrainc | France |

A: Ble wyt ti'n byw?
B: Rydw i'n byw yn Å.
A: Ble mae Å?
B: Yn Norwy.

A: Ble wyt ti'n byw?
B: Rydw i'n byw yn Y.
A: Y?!? Ble mae Y?
B: Yn Ffrainc.

ENWAU BACH MEWN ENWAU MAWR

llan church of

aber mouth of a river

caer fort

Llanfair PG, Llanddewi, Llandudno

Aberystwyth, Aberaeron, Aberdyfi

Caerdydd, Caernarfon, Caerffili

GWEITHGAREDD 1

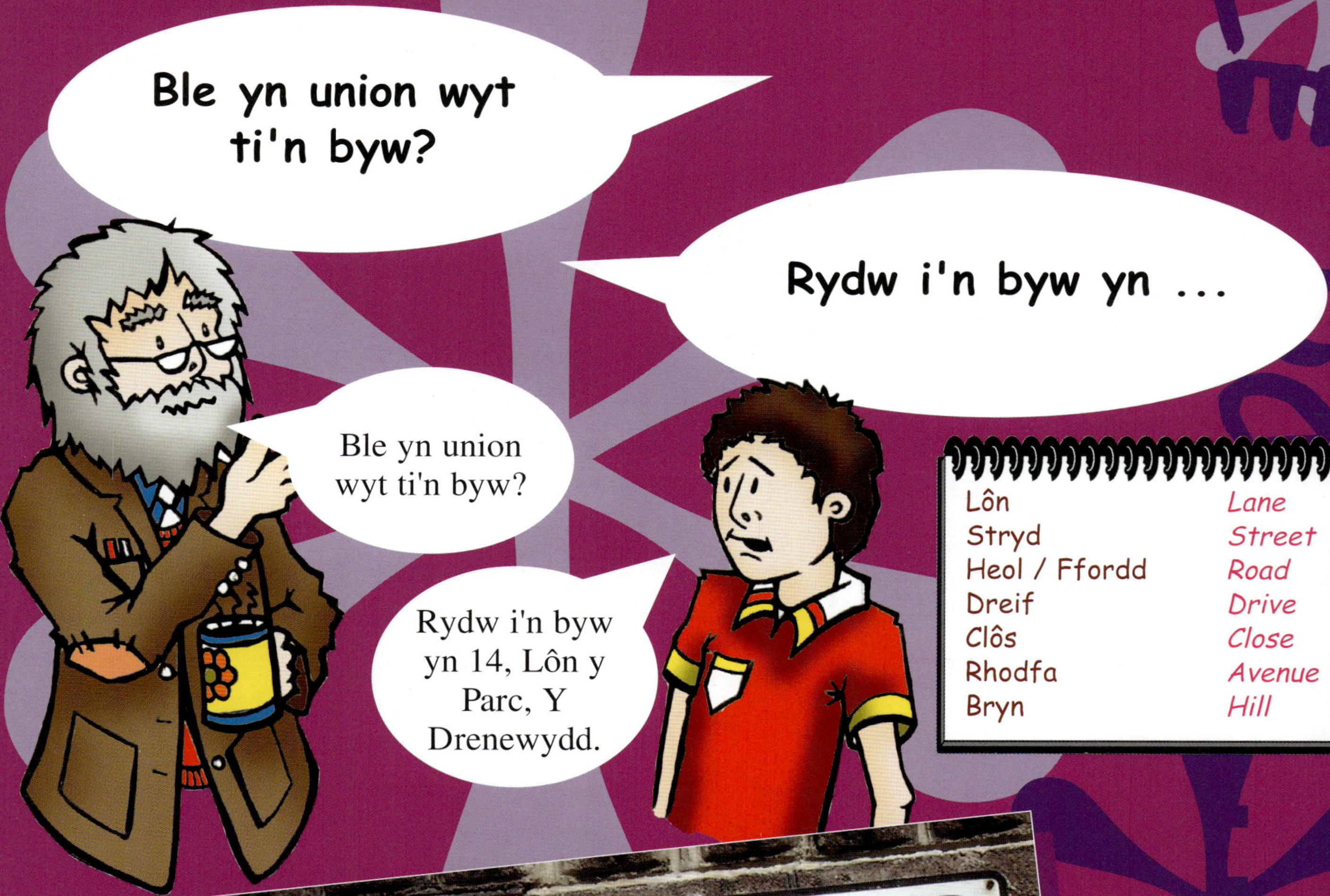

Ble yn union wyt ti'n byw?

Rydw i'n byw yn ...

Ble yn union wyt ti'n byw?

Rydw i'n byw yn 14, Lôn y Parc, Y Drenewydd.

Lôn	Lane
Stryd	Street
Heol / Ffordd	Road
Dreif	Drive
Clôs	Close
Rhodfa	Avenue
Bryn	Hill

FFORDD-Y-GOGLEDD NORTH ROAD

BRYN ERYL

HEOL POWYS

FFORDD Y MOR TERRACE ROAD

FFORDD RHUFON

STRYD Y BRYTHON PARC BRYNHYFRYD

RHODFA'R GOGLEDD NORTH PARADE

GWEITHGAREDD 2-3

"Sut le ydy ..." "Mae ... yn ..."

yn hyfryd	lovely
yn brysur	busy
yn dawel	quiet
yn fawr	big/large
yn fach	small
yn swnllyd	noisy
yn gyffrous	exciting

Mae ... yn hyfryd.
Mae ... yn brysur.
Mae ... yn dawel.
Mae ... yn fawr.
Mae ... yn fach.
Mae ... yn swnllyd.
Mae ... yn gyffrous.

- Ble wyt ti'n byw?
- Yn Hwlffordd.
- Sut le ydy Hwlffordd?
- Mae Hwlffordd yn hyfryd.

- Ble wyt ti'n byw?
- Rydw i'n byw yn Aberarth.
- Sut le ydy Aberarth?
- Mae Aberarth yn dawel.

GWEITHGAREDD 4-6

PENTREF BACH …

pentref	village
tref	town
dinas	city

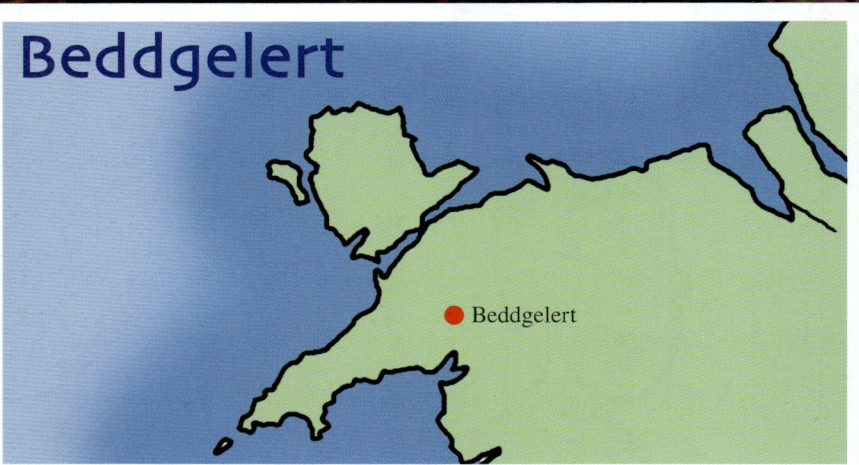

Pentref ydy Beddgelert.

bedd = grave
Gelert = Gelert (enw ci)

ydy	is
yn y gaeaf	in winter
yn yr haf	in summer

Mae Beddgelert yn fach.
Yn y gaeaf, mae Beddgelert yn dawel.
Yn yr haf, mae Beddgelert yn brysur.
Mae pobl yn dod i weld bedd Gelert.

DINAS FACH ... A ... DINAS FAWR

Dinas ydy Caerdydd.
Mae Caerdydd yn fawr.
Mae Caerdydd yn brysur.
Mae Caerdydd yn gyffrous:

- siopau da
- castell
- Techniquest
- amgueddfa
- Stadiwm y Mileniwm
- Canolfan y Mileniwm

Parc Cathays, Caerdydd

Castell Caerdydd

Stadiwm y Mileniwm

| castell | castle |
| amgueddfa | museum |

Dinas ydy Tyddewi.
Mae Tyddewi yn fach.
Mae Tyddewi yn hyfryd:

- siopau bach
- tai bwyta
- eglwys
- traethau da

Eglwys Gadeiriol Tyddewi

Sgwâr Tyddewi

Tyddewi	St David's
tai bwyta	restaurants
eglwys	church
traethau	beaches

GOFYN AM WYBODAETH

Beth sy yn yr ardal? ...

Mae ... yma.

banc, banciau	*bank,-s*
gwesty, gwestai	*hotel,-s*
pwll nofio	*swimming pool*
tŷ bwyta, tai bwyta	*restaurant,-s*
llyfrgell	*library*
siop, siopau	*shop,-s*
sinema, sinemâu	*cinema,-s*
canolfan hamdden	*leisure centre/ recreation centre*

Mae siopau yma.

Mae canolfan hamdden yma.

Mae tri banc yn y dref.

Mae llyfrgell fawr yma.

GWEITHGAREDD 7-11

> Oes ...?

> Oes.

> Nac oes.

A: Oes llyfrgell yn y dref?
B: Oes.

A: Oes pwll nofio yma?
B: Oes, mae pwll nofio yma.

A: Oes canolfan hamdden yn y dref?
B: Nac oes.

A: Oes sinema yma?
B: Nac oes, does dim sinema yma.

GWEITHGAREDD 12-13

Llyfrgell *spooky*

Wyt ti'n mynd i'r llyfrgell?

Beth sy yn y llyfrgell?
Llyfrau?
Cyfrifiaduron?
DVDs?
Cryno ddisgiau?

Oes ysbryd yno?
Wel, mae ysbryd yn Llyfrgell Wrecsam – medden nhw!

Y stori:
Roedd dwy ddynes yn glanhau'r llyfrgell. Yn sydyn, roedd ysbryd du yn mynd i mewn i'r swyddfa – ond roedd y drws ar gau …

Wwwwwwwwwww – *Spooky!*

ysbryd	ghost
medden nhw	so they say
roedd	was, were
dynes	lady
glanhau	(to) clean
yn sydyn	suddenly
swyddfa	office
ar gau	closed

Oes lle *spooky* yn dy ardal di?
Ble?

Ble? Where?

Ble mae'r ...

yn	in
wrth	by
drws nesaf i	next door to
gyferbyn â	opposite
i lawr y ffordd	down the road
i fyny'r ffordd	up the road
lan yr heol	up the road

A: Ble mae'r llyfrgell?
B: Yn Ffordd yr Orsaf.

A: Ble mae'r pwll nofio?
B: Gyferbyn â'r llyfrgell.

A: Ble mae'r siopau?
B: Lan yr heol.

A: Ble mae'r siopau?
B: I fyny'r ffordd.

A: Ble mae'r neuadd?
B: I lawr y ffordd.

GWEITHGAREDD 14-15

> Pryd mae'r ... yn agor?

> Pryd mae'r ... yn cau?

→ **TAITH IAITH ETO 1, TUD. 30**

LLYFRGELL ABERMAWR

Oriau Agor:

Llun, Mercher, Gwener	9.00 y bore - 5.00 y prynhawn
Mawrth ac Iau	9.00 y bore - 7.00 yr hwyr
Sadwrn	9.00 y bore - 4.00 y prynhawn

am ...
un o'r gloch
ddau o'r gloch
dri o'r gloch
bedwar o'r gloch
bump o'r gloch
chwech o'r gloch
saith o'r gloch
wyth o'r gloch
naw o'r gloch
ddeg o'r gloch
un ar ddeg o'r gloch
ddeuddeg o'r gloch

am ...
chwarter wedi

hanner awr wedi

chwarter i

y bore	*a.m. (morning)*
y prynhawn	*p.m. (afternoon)*
yr hwyr	*p.m. (evening)*
y nos	*p.m. (night)*

→ **TAITH IAITH ETO 1, TUD. 29**

Pryd mae'r llyfrgell yn agor ar ddydd Llun?
Am naw o'r gloch y bore.

Pryd mae'r llyfrgell yn cau ar ddydd Llun?
Am bump o'r gloch yr hwyr.

GWEITHGAREDD 16-19

> **Beth wyt ti'n wneud yn yr ardal?**

> **Rydw i'n ...**

Beth?	Ble?
chwarae rygbi	ar y cae
chwarae pêl-droed	ar y cae
chwarae badminton	yn y ganolfan hamdden
nofio	yn y pwll nofio
mynd i'r clwb karate	yn y ganolfan hamdden
siopa	yn y ganolfan siopa / yn …
beicio	yn y parc

Yn Nhwrci

Mae pobl yn hoffi mynd i'r baddonau.
Maen nhw'n hoffi ymlacio yn y dŵr!

Yn Hwngari

Mae pobl yn mynd i'r baddonau.
Maen nhw'n hoffi ymlacio yn y dŵr – ac maen nhw'n chwarae drafffts yno!

baddonau — baths
ymlacio — (to) relax

GWEITHGAREDD 20-22

"Wyt ti'n hoffi'r ardal?"

"Ydw, rydw i'n hoffi'r ardal achos ..."

"Nac ydw, dydw i ddim yn hoffi'r ardal achos ..."

Pam?

🙂
mae'n hyfryd
mae'n gyffrous
mae fy ffrindiau i'n byw yma
mae digon i wneud yma

☹️
mae'n brysur
mae'n dawel
mae'n ddiflas
does dim byd i wneud yma

DEWCH I ABERYSTWYTH

Mae'n hyfryd!   Mae'n gyffrous!   Mae'n wych!

Mwynhewch!

GWEITHGAREDD 23-25

→ TAITH IAITH ETO 1, TUD. 61

DOES DIM ...
There isn't any ...
There aren't any ...

parc, parciau	*park,-s*
cwrs golff	*golf course*
stadiwm	*stadium*
canolfan bowlio deg	*tenpin bowling centre*
llawr sglefrio iâ	*ice skating rink*

Does dim stadiwm yma.

Does dim canolfan bowlio deg yn yr ardal.

Does dim cwrs golff yma.

Does dim parc yma.

GWEITHGAREDD 26-27

Beth hoffet ti gael yn yr ardal?

Hoffwn i gael parc thema.

parc thema
theme park

clwb ieuenctid
youth club

cwrs golff
golf course

llawr sglefrio iâ
ice rink

canolfan bowlio deg
tenpin bowling centre

GWEITHGAREDD 28-30

BOCS GWYBODAETH:

Parc thema, e.e.

Parc Asterix   Disneyland   parc thema Star Trek

parc thema Siôn Corn   parc thema Ponderosa (ransh yn America)

parc thema Deinosoriaid   parciau thema dŵr

parciau thema gwyddoniaeth

Y GWAITH CARTREF

holiadur	questionnaire	cysgu	(to) sleep	
ardal	area	paratoi	(to) prepare	
cyfarfod	(to) meet	yn brysur	busy	
barod	ready	mwy o gwningod	more rabbits	
gofyn	(to) ask	mwy o gathod	more cats	
tybed	I wonder	wedi helpu	has helped	

Mae hi'n ddydd Gwener. Mae Mr Edwards, yr athro Cymraeg, yn rhoi gwaith cartref i'r dosbarth.

Dydd Gwener

"Reit, gwaith cartref – holiadur am yr ardal."

"O na!"

"O, dim gwaith cartref eto."

Mae Lisa, Beca ac Aled eisiau mynd i'r dref dydd Sadwrn i wneud y gwaith cartref.

"Beth am fynd i'r dref i wneud yr holiadur?"

"Iawn."

"Syniad da."

"Y?"

Maen nhw'n mynd i gyfarfod wrth y caffi.

"Beth am gyfarfod wrth Caffi'r Bont am ddeg o'r gloch?"

"Y?"

"Iawn."

"Syniad da."

Dydy Huw ddim eisiau gwneud gwaith cartref ar ddydd Sadwrn.

"Dim diolch. Dydw i ddim eisiau gwneud gwaith cartref ar ddydd Sadwrn!"

Dydd Sadwrn, mae Lisa, Aled a Beca yn cyfarfod wrth y caffi.

Dydd Sadwrn

— Barod?
— Barod!
— Barod!

Maen nhw'n gofyn cwestiynau i bobl.

— Ydych chi'n hoffi'r ardal?
— Ydw. Mae'n hyfryd.

Mae Lisa'n gofyn i fachgen ...

— Wyt ti'n hoffi byw yma?
— Nac ydw. Mae'n rhy dawel.

mae Aled yn gofyn i ferch ...

— Wyt ti'n hoffi'r ardal?
— Nac ydw. Mae'n ddiflas!

... mae Lisa'n gofyn i ffrind ...

— Beth hoffet ti gael yn yr ardal?
— Parc - parc i'r plant.

— Faint ydy dy oed di?
— Rydw i'n 16 oed.

... ac mae Aled yn gofyn i fachgen.

Mae e eisiau canolfan hamdden newydd.

— Beth hoffet ti gael yn yr ardal?
— Hoffwn i gael canolfan hamdden newydd.

Yna, maen nhw eisiau diod.

— Ydych chi eisiau diod?
— ...O, ydw.
— Dewch i mewn i'r caffi.

37

Maen nhw'n cael diod yn y caffi. Maen nhw'n meddwl am Huw.
Tybed beth mae Huw'n wneud?
Helpu ei dad?
Gwneud gwaith cartref mathemateg?
Hy!
Mae Huw yn cysgu!
1:30
Nos Sul, mae Huw yn paratoi'r bag ysgol. Mae problem - yr holiadur!
Nos Sul
Reit ... dydd Llun ... mmm ... rydw i eisiau llyfrau mathemateg, Cymraeg ... o NAAAAAAAAAAA! Yr holiadur! Ond pwy?
Mae Huw eisiau help Mam – ond ble mae hi?
Mam, ble wyt ti? O na!
Mae e eisiau help Dad, ond mae e'n brysur.
Help, Dad.
Dim nawr, Huw. Rydw i'n brysur!
Mae e eisiau help Anti Ann, ond ble mae hi?
O plî-î-î-î-s?
Problem!!!
O NA!
Dydd Llun, mae'r athro'n hapus iawn. Mae e'n hoffi gwaith Huw.
Dydd Llun
Gwaith cartref da iawn! Huw, rydw i'n mynd i ddarllen dy holiadur di i'r dosbarth!
Enw: Carl Jones
Oed: 17 oed
Wyt ti'n hoffi'r ardal?: Nac ydw. Mae'n rhy dawel. Does dim parc mawr yma.
Beth hoffet ti gael yn yr ardal?: Parc mawr. Mwy o gwningod. Mwy o gathod.
Mae e'n darllen yr holiadur.
Mae ffrind wedi helpu Huw!
Pwy ydy Carl Jones, Huw?
Ffrind, Syr.
O!?!?!

Pwyntiau pwysig

Ble?

Ble yn union …?	*Where exactly …?*
Ble mae …?	*Where is / are …?*
Ble mae'r …?	*Where is / are the …?*

Sut le ydy …?	*What kind of place is …?*
Mae … yn hyfryd.	*… is lovely.*
Mae … yn ddiflas.	*… is boring.*

Beth sy yn yr ardal?	*What is there in the area?*
Mae … yma.	*There is / are … here.*

Oes?

Oes banc yn yr ardal?	*Is there a bank in the area?*
Oes.	*Yes.*
Oes, mae banc yn yr ardal.	*Yes, there's a bank in the area.*
Nac oes.	*No.*
Nac oes, does dim banc yn yr ardal.	*No, there isn't a bank in the area.*

Pryd?

Pryd mae'r … yn agor?	*When does the … open?*
Pryd mae'r … yn cau?	*When does the … close?*

Beth?

Beth wyt ti'n wneud yn yr ardal?	*What do you do in the area?*
Rydw i'n …	*I …*

Does dim …

Does dim stadiwm yma.	*There's no stadium here.*
Does dim llawr sglefrio iâ yma.	*There's no ice rink here.*

Wyt ti'n hoffi'r ardal?	*Do you like the area?*
Ydw.	*Yes.*
Nac ydw.	*No*

Beth hoffet ti gael yn yr ardal?	*What would you like to have in the area?*
Hoffwn i gael …	*I would like to have …*

3. Digwyddiad arbennig

Ble?

> Ble est ti dydd Sadwrn?

> Es i i Wrecsam.

> Ble est ti dydd Sul?

> Es i i'r dref.

> Ble est ti yn ystod y penwythnos?

> i unman
> i nunlle

yn ystod y penwythnos	during the weekend
i unman	nowhere (South Wales)
i nunlle	nowhere (North Wales)

Ble?

- i'r dref
- i'r sinema
- i'r gêm
- i'r disgo
- i'r ganolfan hamdden
- i'r caffi
- i barti
- i unman / i nunlle
- i Wrecsam

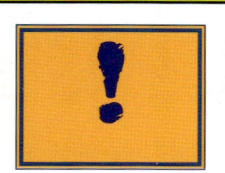

!	i	to
	i'r	to the

GWEITHGAREDD 1

40

Pryd?

"Pryd est ti?"

"Yn y prynhawn."

yn y bore	in the morning
yn y prynhawn	in the afternoon
yn y nos	in the evening / night

Rachel: Haia, <u>Lowri</u>.
Lowri: Haia, <u>Rachel</u>.
Rachel: Ble est ti dydd Sadwrn?
Lowri: <u>I'r dref</u>.
Rachel: Pryd est ti?
Lowri: <u>Yn y bore</u>.

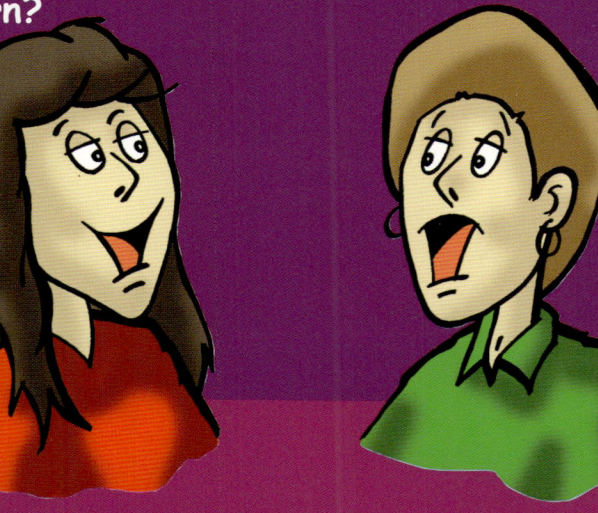

Matt: Haia, <u>Huw</u>.
Huw: Haia, <u>Matt</u>.
Matt: Ble est ti dydd Sadwrn?
Huw: <u>I'r dref</u>.
Matt: Pryd est ti?
Huw: <u>Yn y prynhawn</u>.

Pryd?

- dydd Sadwrn
- dydd Sadwrn diwethaf
- yn ystod y penwythnos
- ddoe
- neithiwr

→ TAITH IAITH ETO 1, TUD 18

GWEITHGAREDD 2-4

Pam?

"Pam est ti?"

"I siopa. Es i i siopa."

Rachel: Haia, <u>Lowri</u>.
Lowri: Haia, <u>Rachel</u>.
Rachel: Ble est ti dydd Sadwrn?
Lowri: <u>I'r dref</u>.
Rachel: Pryd est ti?
Lowri: <u>Yn y bore</u>.
Rachel: Pam est ti?
Lowri: <u>I siopa</u>.

Matt: Haia, <u>Huw</u>.
Huw: Haia, <u>Matt</u>.
Matt: Ble est ti dydd Sadwrn?
Huw: <u>I'r dref</u>.
Matt: Pryd est ti?
Huw: <u>Yn y prynhawn</u>.
Matt: Pam est ti i'r dref?
Huw: <u>I weld gêm</u>.

Pam?

i weld ffrindiau
i weld gêm
i gael amser da
i weld ffilm
i gael bwyd
i siopa
i fwynhau fy hun

GWEITHGAREDD 5-7

Gyda pwy?
Efo pwy?

> Gyda pwy est ti?
> Efo pwy est ti?

> Gyda ffrindiau.
> Efo ffrindiau.

Rachel: Haia, <u>Lowri</u>.
Lowri: Haia, <u>Rachel</u>.
Rachel: Ble est ti dydd Sadwrn?
Lowri: <u>I'r dref</u>.
Rachel: Pryd est ti?
Lowri: <u>Yn y bore</u>.
Rachel: Pam est ti?
Lowri: <u>I siopa</u>.
Rachel: Gyda pwy est ti?
Lowri: Gyda <u>fy chwaer</u>.

→ TAITH IAITH ETO 1, TUD. 21

Matt: Haia, <u>Huw</u>.
Huw: Haia, <u>Matt</u>.
Matt: Ble est ti dydd Sadwrn?
Huw: <u>I'r dref</u>.
Matt: Pryd est ti?
Huw: <u>Yn y prynhawn</u>.
Matt: Pam est ti i'r dref?
Huw: <u>I weld gêm</u>.
Matt: Efo pwy est ti?
Huw: Efo <u>Dad</u>.

Gyda pwy?
Efo pwy?

- gyda ffrindiau / efo ffrindiau
- gyda fy nheulu / efo fy nheulu
- gyda fy mrawd / efo fy mrawd
- gyda fy chwaer / efo fy chwaer
- gyda fy nghariad / efo fy nghariad

GWEITHGAREDD 8

Sut?

Sut est ti?

Ar y bws.

Rachel: Haia, Lowri.
Lowri: Haia, Rachel.
Rachel: Ble est ti dydd Sadwrn?
Lowri: I'r dref.
Rachel: Pryd est ti?
Lowri: Yn y bore.
Rachel: Pam est ti?
Lowri: I siopa.
Rachel: Gyda pwy est ti?
Lowri: Gyda fy chwaer.
Rachel: Sut est ti?
Lowri: Ar y bws.

Matt: Haia, Huw.
Huw: Haia, Matt.
Matt: Ble est ti dydd Sadwrn?
Huw: I'r dref.
Matt: Pryd est ti?
Huw: Yn y prynhawn.
Matt: Pam est ti i'r dref?
Huw: I weld gêm.
Matt: Efo pwy est ti?
Huw: Efo Dad.
Matt: Sut est ti?
Huw: Yn y car.

Sut?

ar y bws
yn y car
ar y trên
cerddais i
ces i lifft
es i ar y beic

GWEITHGAREDD 9-10

Est ti …?

> Est ti i …?
> Est ti i'r …?

> Do.
> Naddo.

A: Est ti i'r dref dydd Sadwrn?
B: Do.

A: Est ti i'r dref dydd Sul?
B: Naddo.

A: Est ti i'r dref dydd Sadwrn?
B: Do, es i gyda ffrindiau.

GWEITHGAREDD 11-13

NOS SADWRN

Huw: Ble est ti nos Sadwrn, Aled?
Aled: Mmm, es i allan.
Huw: Allan? Ble est ti?
Aled: I barti.
Huw: Gyda pwy est ti?
Aled: Mmm, gyda Lisa a Beca.
Huw: Est ti i barti gwisg ffansi?
Aled: Do … ond …
Huw: Est ti fel Frankenstein?
Aled: Do … ond sut …?
Huw: Fi oedd y gorila, Aled. Diolch am y gwahoddiad!

fi oedd	*I was*
gwahoddiad	*invitation*

DWY DAITH ARBENNIG

Dyma Bethan Gwanas

Mae hi'n ysgrifennu nofelau yn Gymraeg.
Mae hi'n ysgrifennu sgriptiau teledu.
Mae hi'n hoffi teithio ...

Ble est ti, Bethan?	O gwmpas y byd.
Pam est ti?	I wneud rhaglen deledu.
Efo pwy est ti?	Efo'r criw ffilmio a fy *laptop*!
Sut est ti?	Es i mewn car, ar awyren, mewn cwch, ar y trên, mewn 4x4 ac ar feic!
Oedd o'n dda?	Roedd o'n waith caled ond roedd o'n hwyl.

taith	journey
arbennig	special
nofel, nofelau	novel,-s
o gwmpas y byd	around the world
ar awyren	by aeroplane
mewn cwch	in a boat
oedd e'n / o'n ...?	was it ...?
roedd e'n /o'n waith caled	it was hard work

Dyma Iwan Jones

Mae Iwan Jones yn byw yn Indonesia nawr, ond roedd e'n byw yng Nghymru. Mae e'n hoffi teithio ...

Ble est ti, Iwan?	I fyny Everest.
Pam est ti?	I glirio'r sbwriel.
Pam?	Mae pobl yn gadael sbwriel ar Everest!
Sut est ti?	Es i ar awyren i Katmandu, yna es i mewn hofrennydd i Lukla. Yna, cerddais i i Base Camp.

clirio	(to) clear
sbwriel	rubbish, litter
gadael	(to) leave
hofrennydd	helicopter
cerddais i	I walked

GWEITHGAREDD 14

Roedd e'n / o'n ...
He was ... / It was ...

Roedd hi'n ...
She was ... / It was ...

Roedd hi'n braf.
It was fine.

Roedd hi'n bwrw glaw.
It was raining.

Roedd hi'n oer.
It was cold.

→ **TAITH IAITH ETO 1, TUD. 37**

Es i i'r dref dydd Sadwrn gyda Lyn.
Roedd hi'n braf.

Es i i Oakwood dydd Sadwrn.
Es i ar y reids.
Roedd hi'n oer.

GWEITHGAREDD 15

BETH ARALL?

Es i i'r dref dydd Sadwrn.
Es i i gaffi gyda ffrindiau.
Bwytais i.
Yfais i.
Siaradais i.
Mwynheuais i.
Roedd e'n grêt!

Es i i'r dref dydd Sadwrn gyda Lyn.
Roedd hi'n braf.
Siopais i.
Gwelais i top neis.
Prynais i'r top.
Mwynheuais i.

Es i i'r ganolfan hamdden prynhawn dydd Sadwrn.
Chwaraeais i sboncen gyda ffrind.
Yna, es i i'r caffi.
Gwelais i fy ffrindiau yn y caffi.
Siaradais i gyda fy ffrindiau.
Bwytais i.
Yfais i.
Mwynheuais i.

	-ais i	
	(past tense)	
bwyta	bwytais i	*I ate*
yfed	yfais i	*I drank*
siarad	siaradais i	*I spoke*
gwylio	gwyliais i	*I watched*
gweld	gwelais i	*I saw*
prynu	prynais i	*I bought*
chwarae	chwaraeais i	*I played*
mwynhau	mwynheuais i	*I enjoyed*

GWEITHGAREDD 16-20

DWY DAITH ARBENNIG

Dyma Bethan Gwanas

Bwytais i lawer o bysgod.
Yfais i vodka.
Chwaraeais i golff.
Es i i rafftio.
Es i i ganŵio.
Gwnes i ffrindiau newydd.

pysgod	fish
rafftio	(to) raft
canŵio	(to) canoe
gwnes i	I made
newydd	new

Dyma Iwan Jones

| cliriais i | I cleared |

Bwytais i reis, cyri, tatws, ffrwythau tun, bisgedi a siocled.
Yfais i ddŵr.
Yfais i de – ond dim llaeth a siwgr!
Cerddais i.
Cliriais i'r sbwriel.
Gwnes i ffrindiau newydd.

Ces i …
I had …

Des i …
I came …

Gwnes i …
I did … / I made …

Des i yma ar y bws.

Des i i'r ysgol ar y beic heddiw.

Des i i mewn am ddeg o'r gloch nos Sadwrn.

Ces i top newydd mewn siop ddillad.

Ces i amser da yn Wrecsam dydd Sadwrn.

Ces i pizza i de.

Gwnes i pizza caws a ham neithiwr.

Gwnes i ffrindiau newydd yn y disgo.

Gwnes i'r gwaith cartref neithiwr.

Ces i wers technoleg heddiw.
Gwnes i salad ffrwythau.

Ces i salad i swper neithiwr.
Gwnes i'r salad.
Roedd e'n dda iawn.

GWEITHGAREDD 21

CWESTIYNAU

> Ble est ti?

> Beth wnest ti?

Lyn: Ble est ti dydd Sadwrn?
Sam: Es i i'r dref.
Lyn: Beth wnest ti yn y dref?
Sam: Gwelais i ffrind. Es i i siopa. Ces i pizza mewn caffi. Des i adre ar y bws.

Ann: Ble est ti dydd Sul?
Alice: Es i i weld ffrind.
Ann: Beth wnest ti?
Alice: Es i am dro gyda fy ffrind.
Ann: Beth wnest ti nos Sul?
Alice: Es i adre, ces i swper. Gwyliais i ffilm.

mynd am dro	(to) go for a walk
es i am dro	I went for a walk
es i adre	I went home

Bore dydd Llun

Athro: Beth wnest ti nos Wener, Tom?
Tom: <u>Es i i'r disgo</u>.
Athro: Beth wnest ti dydd Sadwrn, Tom?
Tom: <u>Es i i'r dref</u>.
Athro: Beth wnest ti nos Sadwrn, Tom?
Tom: <u>Es i i fowlio deg</u>.
Athro: Beth wnest ti dydd Sul, Tom?
Tom: <u>Es i i weld ffrindiau</u>.
Athro: Beth wnest ti nos Sul, Tom?
Tom: <u>Gwyliais i ffilm</u>.
Athro: Tom, ble mae'r gwaith cartref?
Tom: Wps!

GWEITHGAREDD 22-23

Est ti i'r disgo?

Wyliaist ti'r teledu?

Siaradaist ti ar y ffôn?

✓
Do.

✗
Naddo.

Welaist ti ffrindiau?

Fwytaist ti sglodion?

Chwaraeaist ti gêm?

Fwynheuaist ti?

GWEITHGAREDD 24

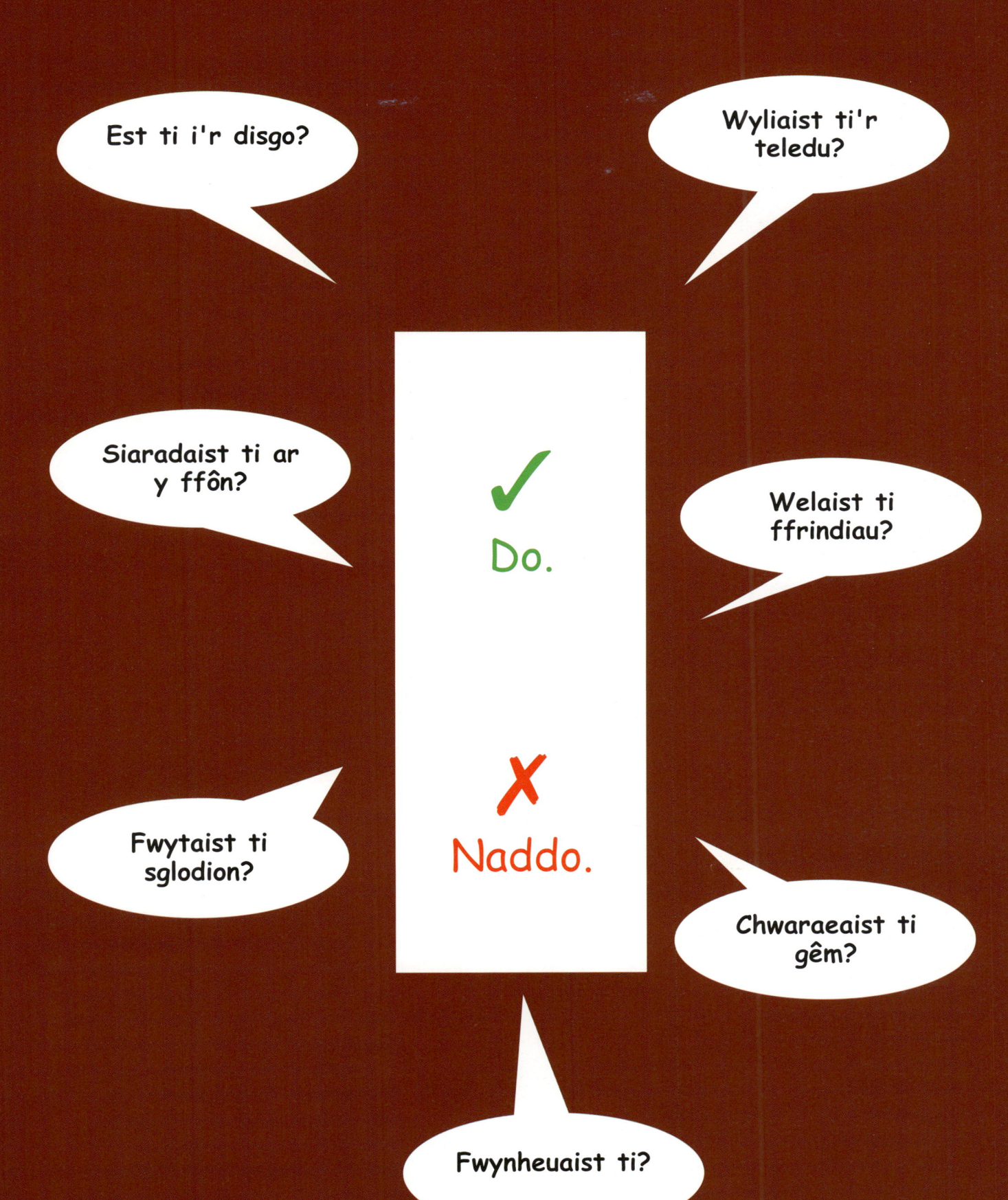

ES I DDIM ... WYLAIS I DDIM ... FWYTAIS I DDIM ...

- Es i ddim i'r dref dydd Sadwrn.
- Chwaraeais i ddim pêl-droed.
- Wyliais i ddim byd ar y teledu.
- Phrynais i ddim byd.
- Fwytais i ddim sglodion.
- Ddarllenais i ddim.
- Fwynheuais i ddim yn y disgo.
- Redais i ddim i'r dref.
- Cherddais i ddim adre neithiwr.

dim byd   *nothing*

GWEITHGAREDD 25-26

Paul: Es i i ganŵio ar Lyn Tegid dydd Sadwrn, ond welais i ddim anifail yn y llyn.
Jac: Y? Anifail yn y llyn?

Paul: Teggie.
Jac: Pwy ydy Teggie?

Paul: Anifail fel y Loch Ness Monster. Mae e'n byw yn y llyn!
Jac: Y?

llyn	*lake*

Lois: Es i i Lancaiach Fawr dydd Sadwrn.
Jan: Ble?

Lois: Llancaiach Fawr, ger Caerffili.
Jan: O!

Lois: Cerddais i yn y tŷ ...
Jan: O?

Lois: ... ond welais i ddim ysbryd.
Jan: O?

ger	*near*
ysbryd, ysbrydion	*ghost,-s*

Mae rhai pobl yn dweud,
"Mae ysbrydion yn Llancaiach Fawr!"!!

55

DIWRNOD ANLWCUS HUW

diwrnod anlwcus	*unlucky day*	syrthio	*(to) fall*
pacio	*(to) pack*	tair coes	*three legs*
tywel, tywelion	*towel,-s*	cawod, cawodydd	*shower,-s*
cylchgrawn	*magazine*	cer = dos!	*go!*
llawer	*a lot of*	nôl	*fetch*
yn sâl = yn dost	*ill, sick*		

Dydd Sadwrn
Mae hi'n saith o'r gloch.

Gwych! Dydd Sadwrn. Rydw i'n mynd i Langrannog heddiw.

Mae Huw yn pacio'r bag. Mae e'n mynd i Langrannog gyda ffrindiau.

Treinyrs … siwmper … dillad disgo…

Pyjamas … a … tywelion!

Yna, mae e'n ffonio Aled.

Rydw i'n mynd i'r ysgol nawr. Iawn?

Mae e'n gweld Aled, Lisa a Beca.

Haia! Helo. Helo. Sut mae?

Ar y bws, mae Lisa a Beca yn darllen. Mae Aled a Huw yn chwarae cardiau.

Wyt ti eisiau darllen cylchrawn, Lisa?

O, diolch.

Mae Aled yn agor y bag - mae creision, siocled a bisgedi yn y bag.

Wyt ti eisiau bisged .. neu greision … neu siocled?

Mmmmmmm, diolch.

Mae Huw yn bwyta llawer o fisgedi ... llawer o greision ... a llawer o siocled ...

Mae e'n sâl.

Mae Huw yn sâl tu allan i'r bws. Mae e'n teimlo'n ofnadwy.

Yna, mae'r bws yn mynd i Langrannog.

Mmmm, mae'r siocled yn dda iawn. Ga i un arall?

Stopiwch y bws. Mae Huw yn sâl!!!

Prynhawn dydd Sadwrn, maen nhw'n mynd i sgïo.

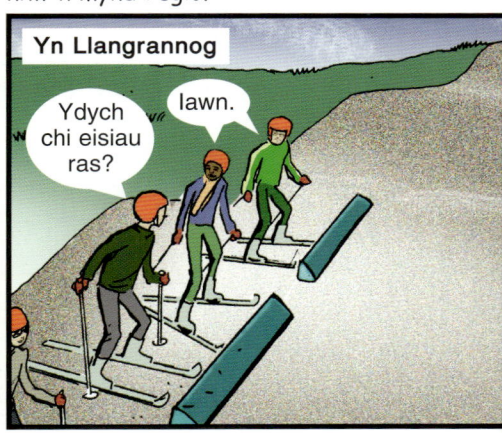

Maen nhw ar y top ...

... maen nhw'n mynd i gael ras, ond mae Huw yn dechrau cyn Aled, Lisa a Beca ...

Yn Llangrannog

Ydych chi eisiau ras?

Iawn.

Ar ôl tri ...

Un ... dau ... Ha ... Ha ... Ha ...

... ac mae e'n syrthio.

Mae Huw yn mynd i'r ysbyty.

Nos Sadwrn, mae Beca, Lisa ac Aled yn cael swper.

Aaaawwwww.

Hwyl Huw!

O, diar!

Tybed sut mae Huw?

Mae e'n anlwcus!

Anlwcus? Hy! Y clown!!!

Mae Huw yn dod i mewn. Mae e eisiau mynd i'r disgo.

Es i i'r ysbyty. Ces i X-ray. Popeth yn iawn. Reit, pryd mae'r disgo yma? Rydw i eisiau dawnsio.

Dawnsio? Hy. Y clown!

Mae e'n cael amser gwych.

Mae'n handi cael tair coes!

Maen nhw'n dawnsio tan chwarter i un ar ddeg.

Yna, mae hi'n amser gwely.

Nos da.

Sut wyt ti nawr, Huw?

Ddim yn ddrwg.

Nos da.

Mae Huw eisiau cawod.

Cawodydd

Aled, dydw i ddim yn gallu cario pethau. Cer i nôl y tywel a'r pyjamas o'r bag, plis.

Mae e'n rhoi'r dillad ar y llawr gwlyb.

Mae'r llawr yma'n wlyb. Dim ots, mae Aled yn nôl y tywel a'r pyjamas o'r bag.

Mae e'n canu'n hapus.

Lawr ar lan y môr ... lawr ar lan y môr, la, la, la, la la la la la ...

Mae Aled yn dod — ond dim pyjamas na tywel.

Huw, does dim tywel a pyjamas yn y bag.

O naaaaaaaaaa! Maen nhw ar y gwely – yn y tŷ!!!

Ydy, mae Huw yn anlwcus!

O, beth ydw i'n mynd i wneud?

GWEITHGAREDD 27-28

IDIOMAU

crynu fel deilen

gwenu o glust i glust

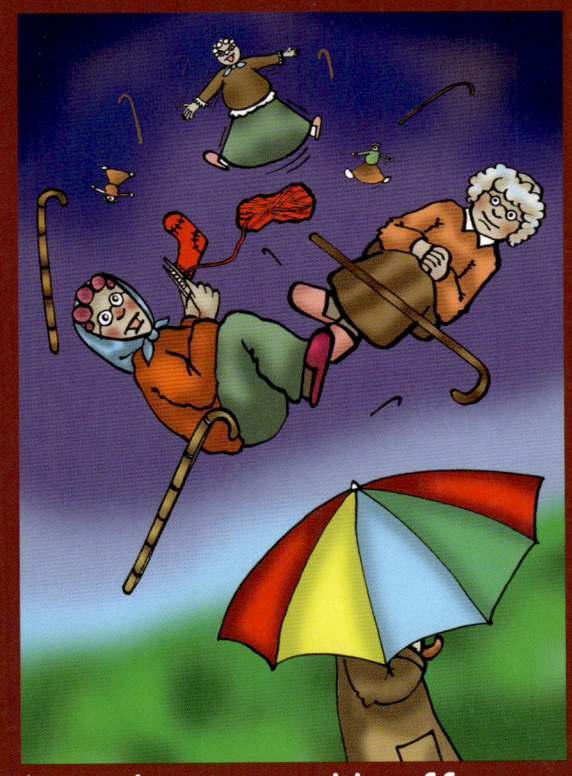

bwrw hen wragedd a ffyn

arllwys y glaw

Es i ar y trên ysbrydion. Roeddwn i'n crynu fel deilen.

Roedd Elin yn gwenu o glust i glust.

Roedd hi'n bwrw hen wragedd a ffyn. Roedd hi'n arllwys y glaw.

Pwyntiau pwysig

Ble	Where
Pryd	When
Pam est ti?	Why did you go?
Gyda pwy	With who
Efo pwy	
Sut	How

Es i i ...	I went to ...
Es i i'r ...	I went to the ...
Bwytais i.	I ate.
Yfais i.	I drank.
Mwynheuais i.	I enjoyed.
Ces i ...	I had ...
Des i ...	I came ...
Gwnes i ...	I did ... / I made ...

Roedd

Roedd hi'n braf.	It was fine.
Roedd hi'n bwrw glaw.	It was raining.

Cwestiynau

Est ti i ...?	Did you go to ...?
Est ti i'r ...?	Did you go to the ...?
Welaist ti ...?	Did you see?
Fwynheuaist ti?	Did you enjoy?

ddim

Es i **ddim** i ...	I didn't go to ...
Ches i **ddim** ...	I didn't have ...
Fwytais i **ddim** ...	I didn't eat ...

4. Technoleg

ffôn symudol

cyfrifiadur

teledu

chwaraewr DVD

camera DVD

camera digidol

sganiwr

chwaraewr MP3

GWEITHGAREDD 1

I beth wyt ti'n defnyddio'r ...?

Rydw i'n ...

- Rydw i'n siarad ar y ffôn symudol.
- Rydw i'n chwarae gemau ar y cyfrifiadur.
- Rydw i'n gwylio'r teledu.
- Rydw i'n gwylio DVD ar y chwaraewr DVD.
- Rydw i'n ffilmio gyda'r camera DVD.
- Rydw i'n tynnu lluniau gyda'r camera digidol.
- Rydw i'n sganio gyda'r sganiwr.

tynnu lluniau	(to) take photographs
sganio	(to) scan

GWEITHGAREDD 2

I beth wyt ti'n defnyddio'r ffôn a'r cyfrifiadur?

Rydw i'n defnyddio'r ffôn symudol ...

Rydw i'n defnyddio'r cyfrifiadur ...

i gael hwyl	i gael hwyl
i siarad â fy ffrindiau	i chwarae gemau
i anfon tecst	i anfon e-bost
i fynd ar y we	i siopa
i ffilmio fy ffrindiau	i wneud gwaith ysgol
	i wneud gwaith cartref
	i sgwrsio
	i chwilio am wybodaeth

GWEITHGAREDD 3-4

Ble?

- yn yr ysgol
- yn y tŷ
- yn fy ystafell wely
- yn y llyfrgell
- mewn seibr-gaffi

anfon	(to) send
y we	the web
sgwrsio	(to) chat
chwilio am	(to) search for

Pryd?

- ar ddydd ...
- ar nos ...
- bob dydd
- bob nos

bob nos	every night
bob dydd	every day

GWEITHGAREDD 5

Y FFÔN SYMUDOL
Siarad ar y ffôn

Helo. John sy yma.

Haia, sut wyt ti? Darren sy'n siarad.

Sgwrs ffôn

(Mae'r ffôn yn canu.)
Tina: Helo, Tina sy'n siarad.
John: Haia, Tina. John sy yma. Sut wyt ti?
Tina: Iawn, diolch.
John: Wyt ti eisiau dod i'r dref dydd Sadwrn?
Tina: Ydw, diolch.

Sgwrs ffôn

(Mae'r ffôn yn canu.)
John: Helo, John sy'n siarad.
Tina: Haia, John. Tina sy yma.
John: Helo, Tina.
Tina: Pryd mae'r gêm dydd Sadwrn?
John: Am ddau o'r gloch. Iawn?
Tina: Iawn. Wela i di.

GWEITHGAREDD 6-7

TECSTIO

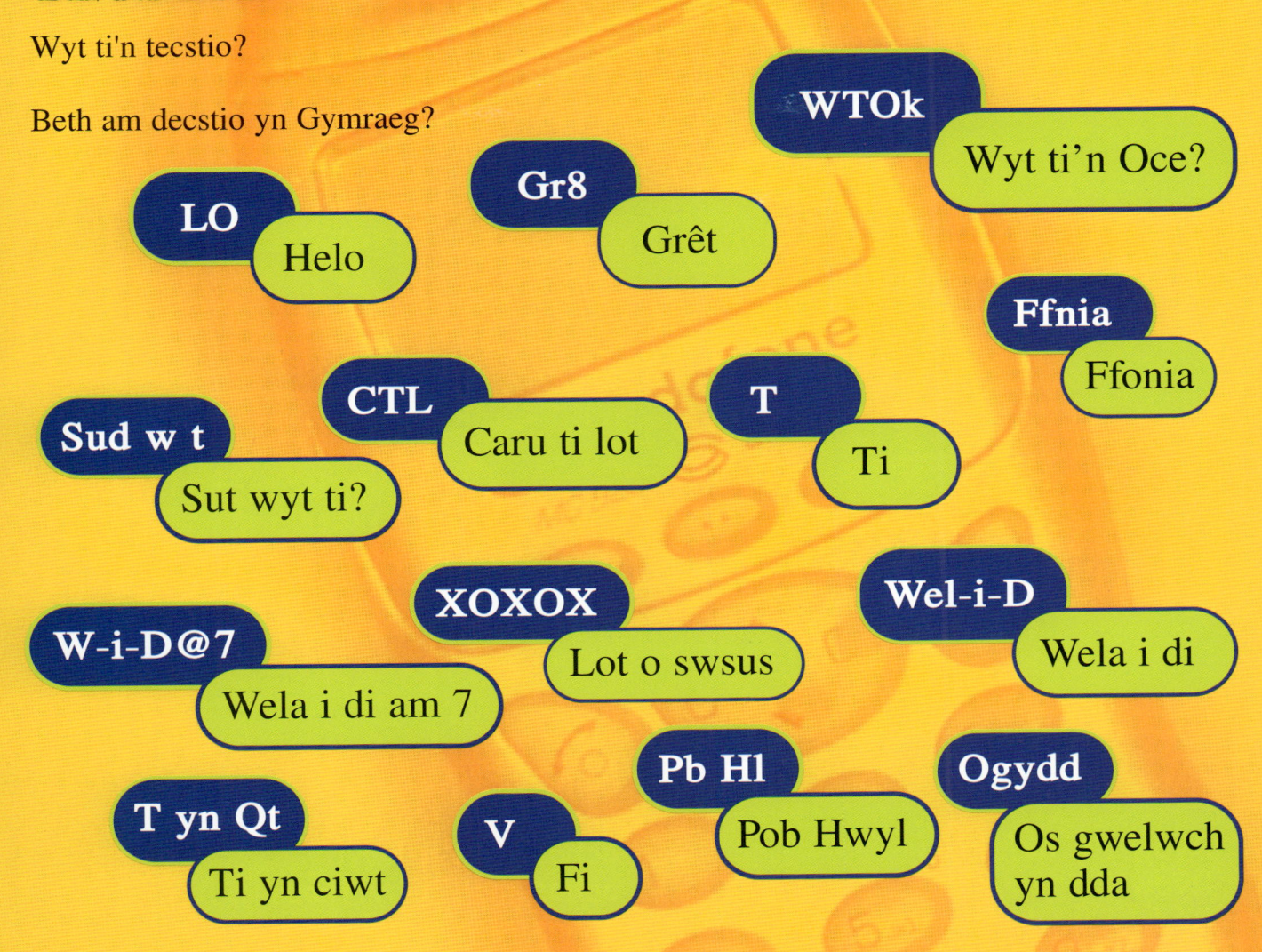

Wyt ti'n tecstio?

Beth am decstio yn Gymraeg?

WTOk — Wyt ti'n Oce?

LO — Helo

Gr8 — Grêt

Ffnia — Ffonia

Sud w t — Sut wyt ti?

CTL — Caru ti lot

T — Ti

W-i-D@7 — Wela i di am 7

XOXOX — Lot o swsus

Wel-i-D — Wela i di

T yn Qt — Ti yn ciwt

V — Fi

Pb Hl — Pob Hwyl

Ogydd — Os gwelwch yn dda

GWEITHGAREDD 8

LO. Mnd ir dref.
Wel-i-D @ 5.
Pb Hl. M

LO. WTOk? WT
eisiau mnd allan ns
Sdrn?
Ffnia V. Lyn

Y CYFRIFIADUR

HOFF RAGLEN / HOFF GÊM

> Beth ydy dy hoff raglen di?

> ... ydy fy hoff raglen i.

> Beth ydy dy hoff gêm di?

> ... ydy fy hoff gêm i.

	Pam?
Rydw i'n hoffi ...	achos mae'n hwyl
Rydw i'n mwynhau ...	achos mae'n gyffrous
Rydw i wrth fy modd gyda ...	achos mae'n anhygoel
	achos mae'n ddiddorol
	achos mae'n llawn her

Emily: Beth ydy dy hoff raglen di?
Lona: Rydw i'n hoffi ...
Emily: Pam?
Lona: Achos mae'n <u>ddiddorol iawn</u>.

Daf: Beth ydy dy hoff gêm di?
Siôn: ... ydy fy hoff gêm i.
Daf: Pam?
Siôn: Achos <u>mae'n gyffrous</u>. <u>Mae'n llawn her</u>.

GWEITHGAREDD 9-10

CAS RAGLEN / CAS GÊM

> Pa raglen dwyt ti ddim yn hoffi?

> Dydw i ddim yn hoffi ...

> Pa gêm dwyt ti ddim yn hoffi?

> Dydw i ddim yn hoffi ...

| Pa? | Which? What? |

Dydw i ddim yn hoffi ...   Pam?
Dydw i ddim yn mwynhau ...   achos mae'n ddiflas
Rydw i'n casáu ...   achos mae'n gymhleth
Mae'n gas gyda fi ...   achos does dim llawer yn digwydd
Mae'n gas gen i ...   achos does dim her

> Mae'n gas gyda fi ...
> I hate ...

> Mae'n gas gen i ...
> I hate ...

Daf: Pa gêm dwyt ti ddim yn hoffi?
Siôn: Dydw i ddim yn hoffi ...
Daf: Pam?
Siôn: Achos mae'n ddiflas, does dim byd yn digwydd a does dim her!
Daf: O, diar.

GWEITHGAREDD 11-12

BETH SY'N DIGWYDD YN Y GÊM?

beth sy'n digwydd?	what happens?
gyrru	(to) drive ...
sgorio pwyntiau	(to) score points
chwarae ...	(to) play ...

Yn y gêm, rhaid gyrru o gwmpas ...

→ **TAITH IAITH ETO 1, TUD. 46-47**

Yn y gêm, rhaid sgorio pwyntiau.

Rwyt ti'n chwarae ...

Rydych chi'n chwarae ...

GWEITHGAREDD 13

Beth oedd y gêm fideo gyntaf?

Roedd y gêm fideo gyntaf yn 1958.
Yn y gêm, roedd dau berson yn chwarae tennis bwrdd ar sgrîn.

cyntaf	first
tennis bwrdd	table tennis

GWNEUD PROJECT
Rwyt ti'n mynd i ddefnyddio technoleg i wneud project.
Teitl y project ydy **Y penwythnos**.

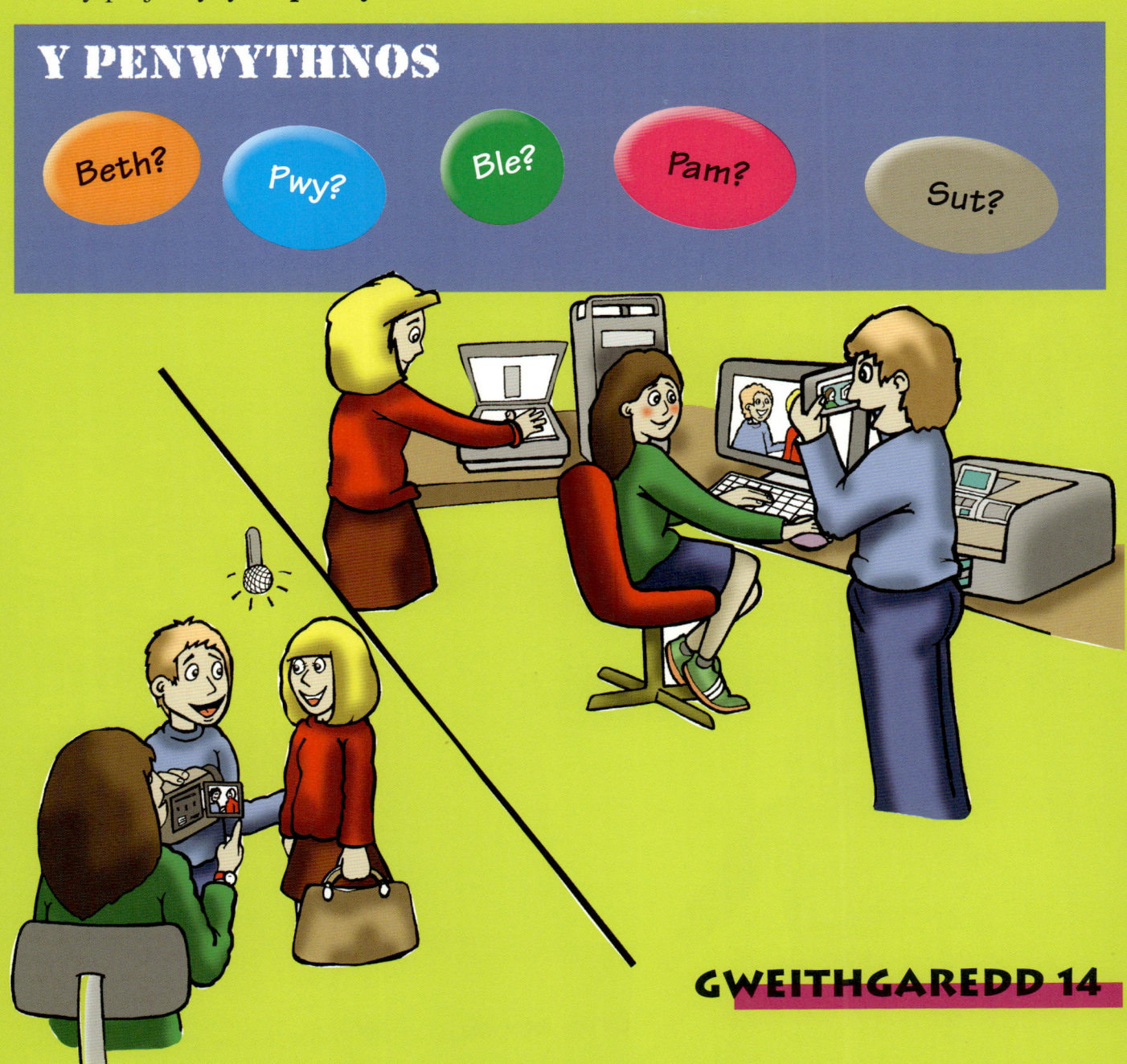

Y PENWYTHNOS

Beth? Pwy? Ble? Pam? Sut?

GWEITHGAREDD 14

Rhaid i ti ofyn cwestiynau i dy bartner di am y penwythnos diwethaf.

Beth? **Pwy?** **Ble?**

Pam? **Sut?**

→ **TAITH IAITH ETO 2, TUD. 40-45, 52-53**

y penwythnos diwethaf	*last weekend*

Y PENWYTHNOS

Chwaraeodd Phil sboncen nos Wener.

Chwaraeodd Chloe bêl-droed.

Nofiodd Lisa dydd Sadwrn.

Neidiodd Alun ar y trampolîn.

Gwyliodd Gethin y teledu nos Sadwrn.

GWEITHGAREDD 15

Roedd parti nos Sadwrn yn y clwb rygbi ...

-odd John	-odd Alice
-odd e	-odd hi
-odd o	

(past tense)

bwyta	bwyt**odd** John	*John ate*
yfed	yf**odd** Alice	*Alice drank*
siarad	siarad**odd** John	*John spoke*
gwylio	gwyli**odd** Alice	*Alice watched*
gweld	gwel**odd** John	*John saw*
dawnsio	dawnsi**odd** Alice gyda John	*Alice danced with John*
chwarae	chwarae**odd** John	*John played*
gwisgo	gwisg**odd** Alice fel cowboi	*Alice dressed up as a cowboy*
mwynhau	mwynheu**odd** Alice	*Alice enjoyed*

Y PARTI

Roedd parti ym Mrynbach nos Sadwrn.

Roedd Aled, Lisa, Beca a Huw yn y parti.

Gwelodd Lisa gorila mawr yn y parti.

Siaradodd hi gyda'r gorila.

Chwaraeodd y gang gemau parti.

Yfodd Lisa lemonêd.

Bwytodd Aled sglodion.

Mwynheuodd y gang.

GWEITHGAREDD 16

> Aeth John.
> John went.

> Daeth Alice ...
> Alice came ...

> Gwnaeth e/o ...
> He did ...
> He made ...

> Cafodd hi ...
> She had ...

Aeth John i'r dref.
Aeth e ar y bws.
Aeth e gyda ffrindiau.
Aeth e i brynu jîns newydd.

Gwnaeth John salad neithiwr.

Daeth Alice i'r parti.
Daeth hi ar y bws.
Daeth hi gyda ffrindiau.

Cafodd hi hwyl!

GWEITHGAREDD 17

PROJECT ARALL:

Un diwrnod yn yr ysgol, gwelodd Huw, Aled, Beca a Lisa boster yn y coridor.

CYSTADLEUAETH
Gwneud project ar y cyfrifiadur

- chwilio am wybodaeth ar y we
- safio'r wybodaeth
- sganio
- chwilio am luniau

TEITL Y PROJECT
Amser maith yn ôl ...

Beth wnaeth y gang?

cystadleuaeth	competition
amser maith yn ôl	a long time ago

GWNEUD Y PROJECT:

Project?!? Dim diolch!!!

Aeth Huw adref o'r ysgol.

Siaradodd Lisa gyda'r teulu am y project.

Ysgrifennodd hi.

Siaradodd Aled a Beca gyda hen bobl.

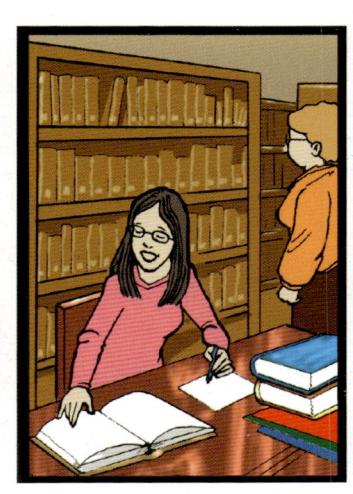

Aeth Beca i'r llyfrgell.

Aeth Aled ar y we.

Siaradodd Lisa, Aled a Beca am y project.

Rhoiodd Lisa, Aled a Beca y project i Mrs James.

OND BETH AM HUW?

adref	*home*
hen bobl	*old people*
rhoiodd	*gave*

GWEITHGAREDD 18

Y NOSON LAWEN

pawb	*everyone*	i ddechrau	*to begin with*
mynd adref	*(to) go home*	sgets	*sketch*
hen ddyn	*old man*	hen bobl	*old people*
dechreuodd	*started*	dysgodd e lawer	*he learnt a lot*

Nos Wener, roedd Huw eisiau mynd i'r caffi.

Huw: Hei, beth am ddod i'r caffi?

Ond roedd Lisa eisiau mynd i weithio ar y project ...

Lisa: Na, rydw i'n mynd i wneud y project.

... a Beca ...

Beca: A fi.

... ac Aled.

Huw: Aled, wyt ti'n dod i'r caffi?

Aled: Nac ydw. Rydw i'n mynd i wneud y project hefyd.

Huw: Project!?! Hy!

Huw: Ble mae pawb? Rydw i'n mynd adref.

Eisteddodd Huw ar y gwely.

Huw: Gwylio'r teledu neu chwarae ar y cyfrifiadur?

Aeth e i'r gegin. Roedd Mam yn y gegin.

Huw: Ble?

Mam: Huw, rwyt ti'n dod gyda fi.

74

I'r Noson Lawen.

O naaaaaaaaaa!

Mae'r Noson Lawen yn hwyl!

Cerddodd Huw a Mam i'r Noson Lawen.

O, rydw i eisiau mynd adref!

Eisteddodd Huw wrth hen ddyn.

Wyt ti'n mwynhau?

Nac ydw!

Dechreuodd y Noson Lawen.

Helo. Noswaith Dda. I ddechrau, mae sgets "Merched Beca".

Merched. *Typical*.

Dechreuodd y sgets a dechreuodd Huw wrando.

Ar ôl y sgets, dechreuodd yr hen ddyn siarad am Ferched Beca.

Sgets od!

Wyt ti'n gwybod am Ferched Beca?

Dechreuodd sgets arall ... a dechreuodd Huw wrando.

A nawr, sgets am Ysgol y Bryn 1919.

Ysgol!! *Typical!!*

Ar ôl y sgets, dechreuodd yr hen ddyn siarad am fynd i'r ysgol amser maith yn ôl.

Wyt ti'n mwynhau nawr?

Ydw.

75

Aeth pawb i'r neuadd i gael coffi a bisgedi. Siaradodd yr hen bobl am amser maith yn ôl.

Wel, wel!

Cafodd Huw hwyl yn y Noson Lawen – a dysgodd e lawer. Roedd e eisiau gwneud y project nawr.

Rydw i eisiau dechrau ar y project heno.

Beth? Heno? Ond mae hi'n nos Wener.

Roedd Huw yn eistedd wrth y cyfrifiadur yn teimlo'n hapus iawn!

Wow, rydw i'n mynd i ysgrifennu am Ferched Beca a'r Welsh Not.

Tybed pwy enillodd y gystadleuaeth? Pwy wyt ti'n feddwl?

GWEITHGAREDD 19

MERCHED BECA

Beth: Protest. Roedd y dynion yn gwisgo fel merched.
Pryd: 1839-1842.
Pam: Achos roedd rhaid talu i deithio ar ffyrdd Cymru.

| roedd rhaid talu | they had to pay |
| ffordd, ffyrdd | road,-s |

Y WELSH NOT

Dim siarad Cymraeg

neu

rhaid gwisgo'r Welsh Not

77

Beth ydy dy farn di?

Mae'r cyfrifiadur yn ddefnyddiol.

Mae'r gemau ar y cyfrifiadur yn hwyl.

Mae ffilmiau DVD yn wych.

Mae siopa ar y we yn wych.

Dim ffonau symudol yn yr ysgol! Maen nhw'n niwsans!

yn ddefnyddiol	*useful*

Emma: Beth ydy dy farn di am y cyfrifiadur?
Jac: Mae'n wych.
Emma: I beth wyt ti'n defnyddio'r cyfrifiadur?
Jac: Rydw i'n chwarae gemau ac rydw i'n syrffio'r we.

Sam: Beth ydy dy farn di am y ffôn symudol?
Manon: Mae'n ddefnyddiol iawn.
Sam: I beth wyt ti'n defnyddio'r ffôn symudol?
Manon: Rydw i'n ffonio fy ffrindiau. Rydw i'n tecstio fy ffrindiau. Rydw i'n ffilmio fy ffrindiau.
Sam: Diolch.

GWEITHGAREDD 20-22

Pwyntiau pwysig

I beth wyt ti'n defnyddio'r (cyfrifiadur)?	What do you use the computer for?
Rydw i'n (anfon negeseuon e-bost).	I (send e-mails).

Ble?	Where?	yn yr ysgol, gartref …	in school, at home …
Pryd?	When?	ar ddydd …, ar nos …,	on … day, on … night

Beth ydy dy farn di am …?	What's your opinion about? / What do you think of?
Mae … yn wych.	… is great.
Mae … yn hwyl.	… is fun.
Mae … yn ddefnyddiol.	… is useful.

Hoff raglen / hoff gêm	favourite program / favourite game
Rydw i wrth fy modd gyda …	I love …

Pa raglen dwyt ti ddim yn hoffi?	What program don't you like?
Dydw i ddim yn hoffi …	I don't like ….
Dydw i ddim yn mwynhau …	I don't enjoy ….
Mae'n gas gen i …	I hate…
Mae'n gas gyda fi …	

-odd   -odd *(past tense)*

Bwyt**odd** John.	*John ate.*
Yf**odd** e.	*He drank.*
Yf**odd** o.	*He drank.*
Mwynheu**odd** Alice.	*Alice enjoyed.*
Siarad**odd** hi.	*She spoke.*
OND …	
Aeth e.	*He went.*
Daeth o.	*He came.*
Cafodd hi …	*She had …*
Gwnaeth hi …	*She did …*
	She made …

5. Dysgu Cymraeg

Mae dysgu Cymraeg yn cŵl!

S4C

Rydw i'n mwynhau rhaglenni Saesneg a rhaglenni Cymraeg ar y teledu.

Rydw i'n mwynhau cylchgronau a llyfrau Cymraeg a Saesneg.

GWEITHGAREDD 1-3

Mae dysgu Cymraeg yn hwyl!

GWEITHGAREDD 4

Dysgu Cymraeg

Mae pobl yn dysgu Cymraeg yn Llangrannog.

Maen nhw'n sgïo – yn Gymraeg.

Maen nhw'n chwarae yn Gymraeg.

Maen nhw'n marchogaeth – yn Gymraeg.

Maen nhw'n mwynhau yn Gymraeg.

maen nhw'n ...
they ...

Mae pobl yn dysgu Cymraeg yng Nglan-llyn.

Maen nhw'n cael hwyl!

GLAN-LLYN

Rafftio
Canŵio
Bowlio deg
Dawnsio
Nofio
Dringo
a mwy!
Dewch i fwynhau!

GWEITHGAREDD 5-6

Mae pobl yn dysgu Cymraeg yn Nant Gwrtheyrn.

Maen nhw'n cael gwersi.
Maen nhw'n byw yn Gymraeg. Maen nhw'n bwyta ... yfed ... ymlacio – yn Gymraeg!
Maen nhw'n gwneud gweithgareddau – yn Gymraeg.
Maen nhw'n gwneud ffrindiau newydd – yn Gymraeg.
Maen nhw'n mwynhau – yn Gymraeg.

GWEITHGAREDD 7

Mae pobl yn dysgu Cymraeg ...

- yn yr ysgol
- yn y coleg
- yn y gwaith
- mewn dosbarth nos

Mae pobl yn dysgu Cymraeg yn ...

- ... Japan
- ... Patagonia
- ... Awstralia
- ... America.

ymlacio	(to) relax
yn y gwaith	at work
dosbarth nos	night class

Roedd Rhys a Meinir yn byw yn Nant Gwrtheyrn.

Roedd Rhys a Meinir yn mynd i briodi.

Ar ddiwrnod y briodas aeth Meinir i guddio.

Ble mae Meinir?

Roedd Rhys yn yr eglwys. Roedd e'n aros am Meinir. Ond ddaeth Meinir ddim.

Roedd Rhys yn chwilio am Meinir am flynyddoedd.

priodi	(to) marry
ar ddiwrnod y briodas	on the day of the wedding
cuddio	(to) hide
eglwys	church
aros am	(to) wait for
chwilio am	(to) look for
am flynyddoedd	for years
un diwrnod	one day
yn drist	sad

Un diwrnod, roedd hi'n stormus. Roedd Meinir yn y goeden. Roedd Rhys yn drist.

DYSGU SIARAD CYMRAEG

- Dysgu Cymraeg: dechrau siarad Cymraeg

Bore da.

Bore da.

Sut ydych chi heddiw?

Iawn, diolch.

Beth ydy'ch enw chi?

Sam Jones.

Ble ydych chi'n byw?

Rydw i'n byw yn 10 Y Stryd Fawr, Cwm Bach.

Beth ydy'ch cod post chi?

CB15 8PH

Beth ydy'ch rhif ffôn chi?

01777 884 730

Sut ydych chi heddiw?

Sut mae heddiw?

Shw'mae heddiw?

Da iawn diolch.

Iawn, diolch.

Eitha da, diolch.

Gweddol.

Ddim yn ddrwg.

Dydw i ddim yn dda iawn.

GWEITHGAREDD 8-9

TI - gyda
- un person
- ffrind
- teulu
- plentyn
- anifail

CHI - gyda
- mwy nag un person
- athro / athrawes
- oedolyn

person	*person*
mwy nag un	*more than one*
oedolyn	*adult*

SGWRSIO YN GYMRAEG

Mae hi'n braf heddiw.
Ydy.

Mae hi'n stormus heddiw?
Ydy, yn stormus iawn.

Ew, roedd hi'n wyntog neithiwr?
Oedd, yn wyntog iawn.

| llyffant, llyffantod | toad,-s |
| broga, brogaod | frog,-s |

GWEITHGAREDD 10

Wel! Wel! Tywydd od!

Ym mis Gorffennaf, 1901, ym Minneapolis, Minnesota, America roedd hi'n bwrw llyffantod a brogaod.

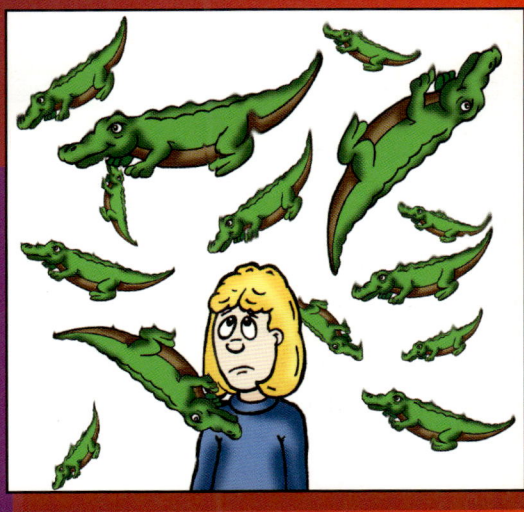

Yn 1877, roedd hi'n bwrw aligators ar fferm yn South Carolina, America.

- **Dysgu Cymraeg: gofyn am help yn y dref**

> Esgusodwch fi, ble mae'r sinema?

> Pa ffordd i swyddfa'r post os gwelwch yn dda?

Cymraeg	English
yr orsaf	the station
toiledau	toilets
tŷ bwyta	restaurant
swyddfa'r post	post office

Cymraeg	English
siop fara	the baker's (shop)
siop flodau	florist
siop wyliau	travel agent
siop ddillad	clothes shop
siop gig	butcher's (shop)
siop esgidiau	shoe shop

GWEITHGAREDD 11

- **Dysgu Cymraeg: rhoi help**

ewch i fyny

ewch i lawr

trowch i'r dde

trowch i'r chwith

GWEITHGAREDD 12-13

BLE?

ar y dde	on the right
ar y chwith	on the left
wrth	by
drws nesaf i	next door to
gyferbyn â	opposite

→ **TAITH IAITH ETO 2, TUD. 30**

Dyn: Helo.
Merch: Helo.
Dyn: Ble mae'r pwll nofio, os gwelwch yn dda?
Merch: Ewch i lawr y ffordd ac mae'r pwll nofio ar y dde.
Dyn: Diolch.

Merch: Bore da.
Dyn: Bore da.
Merch: Pa ffordd i Ygsol y Bryn os gwelwch yn dda?
Dyn: Ewch i fyny'r ffordd ac mae Ysgol y Bryn ar y chwith.
Merch: Diolch.

Merch: Sut mae?
Dyn: Iawn, diolch.
Merch: Pa ffordd i swyddfa'r post os gwelwch yn dda?
Dyn: Ewch i lawr y ffordd. Trowch i'r dde. Mae swyddfa'r post drws nesaf i'r orsaf.
Dyn: Diolch.
Merch: Croeso.

GWEITHGAREDD 14-17

- **Dysgu Cymraeg: siopa**

"Cyri a sglodion os gwelwch yn dda."

"Punt pum deg os gwelwch yn dda."

"Rydw i eisiau cilo o afalau os gwelwch yn dda."

"Iawn. Dim problem."

"Mae'n ddrwg gen i, does gen i ddim afalau."

"Mae'n flin gyda fi, does dim afalau gyda fi."

Merch: Rydw i eisiau *mint imperials* os gwelwch yn dda.
Dyn: Iawn.
Merch: Rydw i eisiau lemonêd.
Dyn: Iawn.
Merch: Rydw i eisiau creision halen a finegr...
Dyn: Iawn.
Merch: ... creision *prawn cocktail*.
Dyn: Iawn.
Merch: Rydw i eisiau siocled os gwelwch yn dda.
Dyn: Iawn. Rwyt ti'n hoffi creision a losin.
Merch: Rydw i'n mynd am *sleepover* yn nhŷ fy ffrind.

losin = fferins = da da   *sweets*

GWEITHGAREDD 18

Ga i dreinyrs os gwelwch yn dda?

Cewch.

Mae'n ddrwg gen i, does gen i ddim treinyrs.

Mae'n flin gyda fi, does dim treinyrs gyda fi.

PA?
Pa liw?

coch   melyn   gwyrdd   glas

trowsus glas golau

trowsus glas tywyll

→ **TAITH IAITH ETO 1, TUD. 48**

Pa faint?   bach   canolig   mawr

maint wyth   maint deg   maint un deg dau

Siopa

Bachgen: Ga i <u>dreinyrs</u> os gwelwch yn dda?
Dynes: Pa faint?
Bachgen: <u>Naw a hanner</u>.
Dynes: Iawn. Pa liw?
Bachgen: <u>Treinyrs arian</u> os gwelwch yn dda.

Merch: Rydw i eisiau <u>jîns</u> os gwelwch yn dda.
Dynes: Pa faint?
Merch: <u>Un deg dau</u>.
Dynes: Iawn. Pa liw?
Merch: <u>Glas tywyll</u>.
Dynes: Mae'r <u>jîns glas tywyll</u> yn y gornel.

arian	*silver*
yn y gornel	*in the corner*

GWEITHGAREDD 19-21

FAINT YDY ...?
FAINT YDY'R ...?

Faint ydy siocled?
Tri deg ceiniog.

Faint ydy'r creision?
Pedwar deg pump ceiniog.

pa un?

30	tri deg	40	pedwar deg	50	pum deg
31	tri deg un	41	pedwar deg un	51	pum deg un
32	tri deg dau	42	pedwar deg dau	52	pum deg dau
33	tri deg tri	43	pedwar deg tri	53	pum deg tri
34	tri deg pedwar	44	pedwar deg pedwar	54	pum deg pedwar
35	tri deg pump	45	pedwar deg pump	55	pum deg pump
36	tri deg chwech	46	pedwar deg chwech	56	pum deg chwech
37	tri deg saith	47	pedwar deg saith	57	pum deg saith
38	tri deg wyth	48	pedwar deg wyth	58	pum deg wyth
39	tri deg naw	49	pedwar deg naw	59	pum deg naw

→ **TAITH IAITH ETO 1, TUD. 75**

60+ chwe deg pump · chwe deg saith · chwe deg naw

70+ saith deg pump · saith deg wyth · saith deg naw

80+ wyth deg dau · wyth deg pump · wyth deg naw

90+ naw deg pump · naw deg wyth · naw deg naw

£ = punt

GWEITHGAREDD 22-25

- **Dysgu Cymraeg: siarad Cymraeg mewn caffi**

GWEITHGAREDD 26

CAFFI CLEDWYN

1. sglodion — £1.00 / £1.10
2. pysgod a sglodion — £3.50
3. sosej a sglodion — £2.50
4. byrgyr a sglodion — £2.50
5. pasti a sglodion — £2.50
6. tatws pob — £1.50
7. ffa pob / pys / sbageti — 50c
8. grefi — 50c
9. saws cyri — 50c
10. cyri madras a reis — £2.50
11. korma cyw iâr a reis — £2.50
12. samosas — 50c
13. chapatis — 50c
14. pizza caws — £2.50
15. pizza caws a ham — £2.50

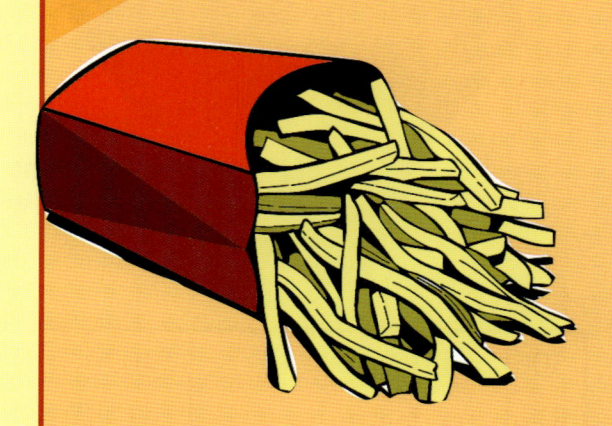

A: Pysgod a sglodion os gwelwch yn dda.
B: Iawn.
A: Ga i grefi ar y sglodion?
B: Cewch, wrth gwrs.

GWEITHGAREDD 27-28

- **Dysgu Cymraeg: siarad Cymraeg mewn tŷ bwyta**

Gwesty Tan y Coed

Bwydlen arbennig - £10.00

I ddechrau ...
melon

Yna ...
porc
cyw iâr
pysgod
tatws, moron, pys
pasta - tagliatelle gyda madarch,
nionod a caws mewn crème fraiche

Yna ...
cacen gaws, treiffl, tarten,
ffrwythau ffres

Te, coffi a mints

bwydlen	menu
madarch	mushrooms
nionod = winwns	onions
gweinydd	waiter

Ga i'ch helpu chi?

Gweinydd: Ga i'ch helpu chi?
Merch: Diolch. Ga i felon, cyw iâr ac yna treiffl os gwelwch yn dda?
Gweinydd: Diolch.

Gweinydd: Ga i'ch helpu chi?
Dyn: Ga i felon, porc ac yna ffrwythau ffres os gwelwch yn dda?
Gweinydd: Diolch. Ydych chi eisiau rhywbeth i yfed?
Dyn: Dŵr os gwelwch yn dda.

GWEITHGAREDD 29

- **Dysgu Cymraeg: mynd allan**

SINEMA

— Pryd mae'r ffilm yn dechrau?
— Am saith o'r gloch.

→ **TAITH IAITH ETO 1, TUD. 29-30**

Parc Thema

— Pryd mae'r parc thema'n agor?
— Am naw o'r gloch.

→ **TAITH IAITH ETO 2, TUD. 31**

GWEITHGAREDD 30

GIG

yn

Neuadd y dref

Dewch i wrando ar

WWWWWWWWWW

yn canu

Dewch i ddawnsio!
Dewch i fwynhau!

Nos Sadwrn: 7.30 – 10.30
Tocynnau: £2.00

---

tocyn, tocynnau   *ticket,-s*

Pryd mae'r gig yn dechrau?

Am hanner awr wedi saith.

Pryd mae'r gig yn gorffen?

Am hanner awr wedi deg.

Pwy sy'n canu?

Grŵp o'r enw WWWWWWWWW.

Faint ydy'r tocynnau?

Dwy bunt.

Oes band?

Oes, mae band.

Oes bwyd?

Nac oes, does dim bwyd.

GWEITHGAREDD 31

Y FFAIR

canu	(to) ring	gwobr	prize
yn dawel	quietly	prynodd	bought
pawb	everyone	mefus	strawberry
poeni	(to) worry	swp sâl	as sick as a dog
sbwylio	(to) spoil	swyddfa docynnau	ticket booth
enillodd	won		

Amser cinio dydd Gwener. Roedd Huw yn yr ystafell Gymraeg. Roedd e'n gwneud ei waith cartref ond roedd e eisiau mynd allan i chwarae pêl-droed gyda'r bechgyn.

Dydw i ddim yn hoffi Eddie Wedi!

Clywodd e'r ffôn symudol yn canu.

O na ... y ffôn symudol!

Daeth y pennaeth i mewn i'r ystafell i siarad â Mr Edwards.

Ffôn symudol Huw? 'Dim ffonau symudol yn yr ysgol.'

Aeth Mr Edwards a'r pennaeth allan o'r ystafell. Darllenodd Huw y tecst.

Mr Edwards, rydw i eisiau siarad â chi, os gwelwch yn dda.

Iawn.

Roedd trip i'r ffair dydd Sadwrn. Roedd Huw eisiau mynd.

Hlo. WTOk? Trip yr Urdd i'r ffair 4ry. T eisie dod? Ffnia. Pb H1 Aled

Ffôn symudol?

Siaradodd e'n dawel ar y ffôn.

"Aled, ydw, rydw i eisiau dod. Faint ydy e?"

Pum punt.

"Iawn."

Daeth Mr Edwards i mewn i'r ystafell. Yna, roedd cnoc ar y drws a daeth Aled, Lisa a Beca i mewn.

"Huw, rydw i eisiau gweld y gwaith cartref."

"Mmmm ..."

O, diar, roedd Mr Edwards yn mynd ar y trip.

"Dyma 4 enw i fynd ar y trip yfory, Syr."

"O naaaaaaa - mae Eddie Wedi yn mynd ar y trip!"

Bore Sadwrn, roedd pawb wrth y bws am hanner awr wedi wyth – pawb ond Mr Edwards.

"Mae pawb yma, ond Mr Edwards."

"Plîs, dim Eddie Wedi, plîs, plîs, plîs!"

Ond daeth Mr Edwards ac aeth y bws.

"O, Syr! Rydych chi'n edrych yn smart iawn."

"Smart iawn!!! Hy!!!"

Roedd Huw yn poeni.

"Mae e'n mynd i sbwylio'r trip. 'Dim rhedeg! Dim ffonau symudol!'"

"O, Huw ..."

Am hanner awr wedi deg, stopiodd y bws yn y ffair. Siaradodd Mr Edwards â'r disgyblion.

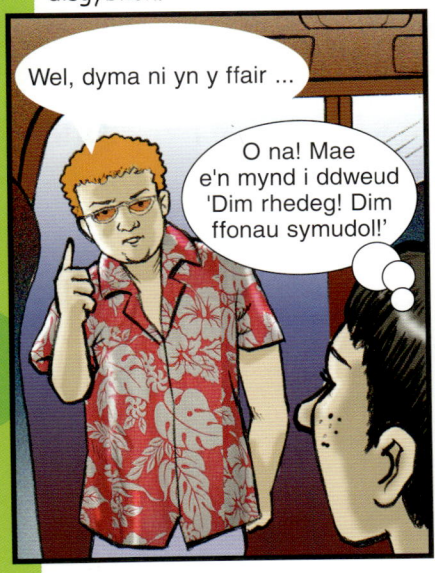

"Wel, dyma ni yn y ffair ..."

"O na! Mae e'n mynd i ddweud 'Dim rhedeg! Dim ffonau symudol!'"

Cafodd Huw sioc!

"Mwynhewch!"

"Beth?!?!?"

Chwaraeodd Huw dartiau ac enillodd e wobr fach i Lisa ...

"I ti Lisa."

"Diolch."

97

... ond chwaraeodd Mr Edwards ac enillodd e wobr fawr i Miss Davies.

Prynodd y gang hufen iâ bach ...

... ond prynodd Mr Edwards hufen iâ mawr.

Edrychwch. Enillodd Mr Edwards hwn i fi - ar y dartiau.

Hufen iâ bach os gwelwch yn dda.

Pa flas?

Mefus os gwelwch yn dda.

Faint ydy'r hufen iâ?

Punt.

Edrychwch! Prynodd Mr Edwards hufen iâ siocled, mefus, fanila a mint.

Mr Edwards... Mr Edwards... Mr Edwards...

Aeth y gang at y rolyrcostyr. Roedd Mr Edwards a Miss Davies yno.

Ydych chi'n dod ar y rolyrcostyr?

O naaa! Bydd Eddie Wedi yn sâl!

Mwynheuodd Mr Edwards y reid ar y rolyrcoster - ond roedd Huw yn swp sâl!

Oooooooo, rydw i'n mwynhau mynd ar y rolyrcoster.

Roedd Huw yn teimlo'n sâl.

Wyt ti'n iawn, Huw?

Ooooo ooooooooo!

Daeth Mr Edwards o'r swyddfa docynnau, yn cario ffotograff.

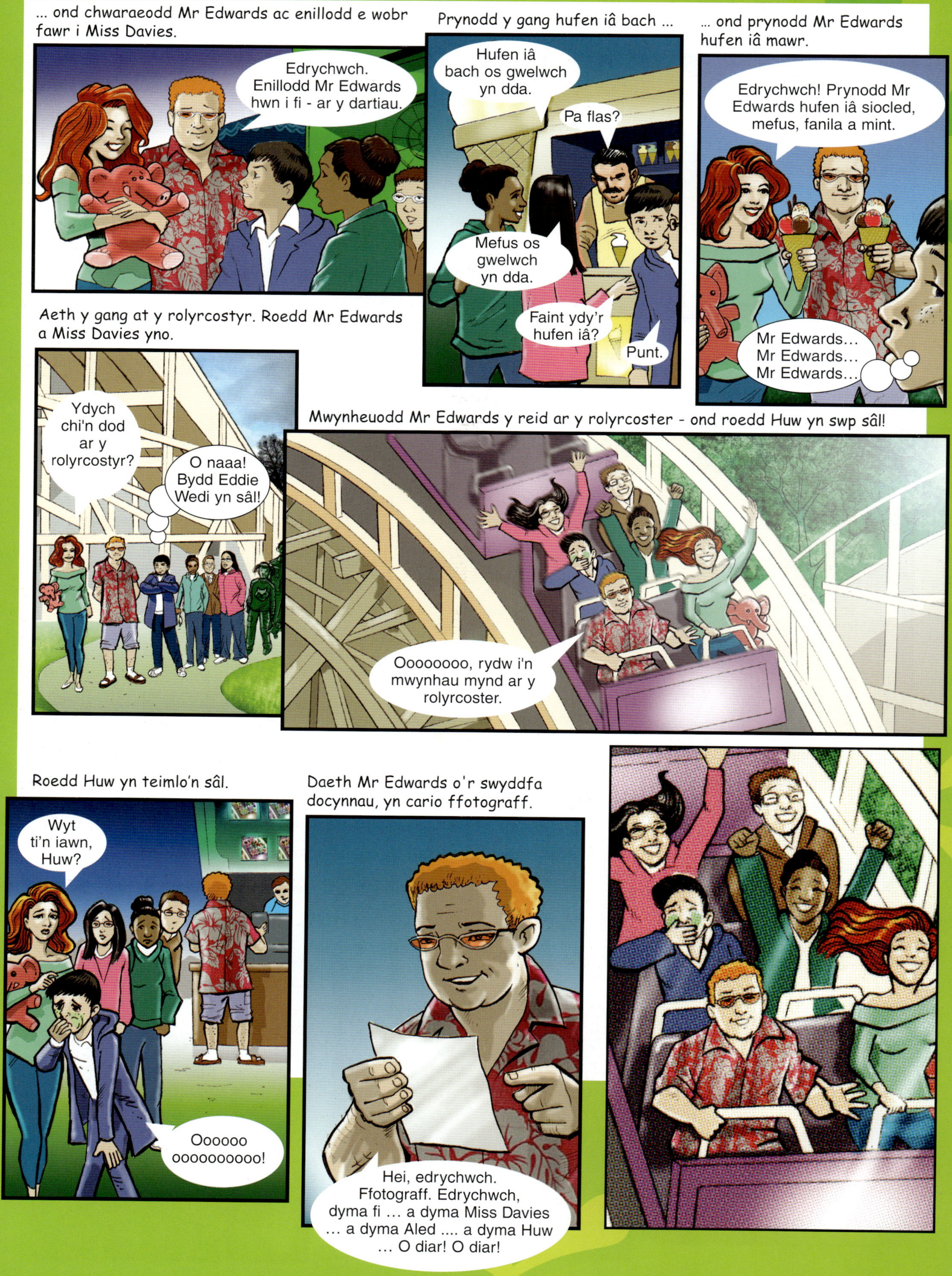

Hei, edrychwch. Ffotograff. Edrychwch, dyma fi ... a dyma Miss Davies ... a dyma Aled .... a dyma Huw ... O diar! O diar!

98

DYSGU CYMRAEG:

mae hi wedi ennill	she has won
aur	gold
cystadleuaeth, cystadlaethau	competitions,-s
arall, eraill	other
mae ... wedi dysgu	... has learnt
dysgu	(to) learn, teach

Dyma Tanni Grey-Thompson.

Mae hi wedi ennill llawer o fedalau aur yn y Gemau Olympaidd ac mewn cystadlaethau eraill.

Mae hi wedi dysgu Cymraeg.

Dyma Glyn Wise.

Roedd o ar y rhaglen *Big Brother* ar y teledu.

Mae o eisiau dysgu Cymraeg i bobl eraill.

Pwyntiau pwysig

Y tywydd

Mae hi'n ...	*It is ...*
Roedd hi'n ...	*It was ...*
Bydd hi'n ...	*It will be ...*

Gofyn am help

Ble mae ...?	*Where is ...? / Where are ...?*
Pa ffordd i'r ...?	*Which way to the ...?*

Rhoi help

Ewch ...	*Go ...*
Trowch i'r dde. / Trowch i'r chwith.	*Turn right. / Turn left.*

Siopa

... os gwelwch yn dda.	*... please.*
Rydw i eisiau ...	*I want ...*
Ga i ...?	*Can I have ... ?*

Pa?

Pa liw?	*What colour?*
Pa faint?	*What size?*

Faint ydy ...? / Faint ydy'r ...? *How much is / are...?*

Pryd?

Pryd mae ... yn agor?	*When does ... open?*
Pryd mae ... yn cau?	*When does ... close?*
Pryd mae ... yn dechrau?	*When does ... start?*
Pryd mae ... yn gorffen?	*When does ... finish?*